W0265696

Anja Huss

Kita unterwegs

Anja Huss

Kita unterwegs

Entdeckungsreisen für kleine Alltagsforscher

HERDER

FREIBURG · BASEL · WIEN

Der Einfachheit halber wird in diesem Buch stets von der Erzieherin bzw. den Erzieherinnen gesprochen. Die männlichen Kollegen mögen sich bitte genauso angesprochen fühlen.

www.herder.de

Umschlagsgestaltung und –konzeption:
R·M·E München / Roland Eschelbeck, Rosemarie Kreuzer
Umschlagfoto: Hartmut W. Schmidt, Feiburg
Lektorat: Pia Haferkorn, Freiburg

Layoutentwurf und Produktion: art und weise, Freiburg
Herstellung: fgb · freiburger graphische betriebe

Gedruckt auf umweltfreundlichem, chlorfrei gebleichtem Papier
Printed in Germany

ISBN 978-3-451-30335-7

Inhalt

Kita unterwegs

Entdeckungsreisen für kleine Alltagsforscher

Ausflüge machen Spaß, sind aber auch mit Planung und Vorbereitungen verbunden. „Lohnt" sich der ganze Aufwand überhaupt? Ja, denn Spaziergänge und Exkursionen können mehr sein als eine nette Abwechslung im Kita-Alltag. Das Entdecken und Erforschen spannender Orte außerhalb der Kita eröffnet Kindern zahlreiche Lernchancen im emotionalen, sozialen und kognitiven Bereich. Die in diesem Buch vorgestellten Exkursions-Ideen eignen sich für Gruppen von 5-15 Kindern zwischen 4 und 7 Jahren.

Horizont erweitern – Wissen aneignen

Kinder machen sich ein Bild von der Welt und eignen sich ihre Umwelt mit allen Sinnen selbsttätig an. Bücher, Bilder und Erklärungen zu Themen, die Kinder interessieren, können das ganzheitliche Erlebnis einer Exkursion nicht ersetzen. Denn hier wird Wissen nicht abstrakt erworben, sondern ist immer mit forschender Eigenaktivität und mit emotionalem Erleben verknüpft. Durch tätige Auseinandersetzung können die Kinder das Gelernte auf weitere Lebenssituationen übertragen.

Exkursionen planen – Fragen entwickeln

Damit eine Exkursion ein Erfolg wird – also Spaß, Spannung und Bildungsinhalte kindgerecht verbindet – ist eine gewisse Vorbereitung unverzichtbar. Zunächst sollten Sie sich als begleitende Erzieherin Grundwissen zum Thema aneignen. In diesem Buch sind zu jeder Exkursion im Abschnitt „Hintergrundwissen" die wichtigsten Informationen zusammengefasst. Aus ihnen ergeben sich bestimmte Fragestellungen, die Sie den Kindern jeweils im Sinne eines „Beobachtungsauftrags" mit auf den Weg geben können, z. B.: Welche Fensterformen könnt ihr auf unserem Spaziergang entdecken?

Im Vorfeld der Exkursionen sollten Sie sich darüber klar werden, welche Fragen die Kinder an die Experten haben, die sie besuchen. Drüber hinaus gilt es zu überlegen, welche weiteren Informationsquellen (Lexika, andere Bücher usw.) Sie und die Kinder heranziehen können und wie sich das neu erworbene Wissen im Kita-Alltag anwenden und vertiefen lässt (Handlungsorientierung / Lebensbezug). Hierzu finden Sie in jedem Kapitel im Abschnitt „Ideen zur Vor- und Nachbereitung" vielfältige Anregungen: Kreativtipps, Spiele, Experimente, Geschichten und vieles mehr.

Bei aller Vorbereitung sollten Sie als Erzieherin jedoch nicht an Ihren Ideen und Ihrer Planung „kleben". Rechnen Sie bei Ihren gemeinsamen Erlebnissen und Begegnungen mit Überraschungen und seien Sie offen für die Dinge, die die Kinder spontan am meisten interessieren.

Kinder in die Planung einbeziehen – Der Weg ist das Ziel

Lassen Sie die Kinder an der Planung der Exkursion teilhaben. Denn neben inhaltlichen Fragen muss auch der Weg zum Exkursionsziel geplant werden – dabei können die älteren Kinder bereits erste Erfahrungen im Umgang mit Fahrplänen, Linienplänen, Stadtplänen und Landkarten machen. Abläufe müssen überdacht und Zeitspannen eingeschätzt werden – ein spannendes Lernfeld, das den „Detektiv" im Kind herausfordert.

Kontakte zu Experten knüpfen – Teilnahme am öffentlichen Leben

Wenn wir einem Thema auf den Grund gehen möchten, wenden wir uns am besten an einen Experten, der all unsere Fragen beantworten kann. Einen unbekannten Erwachsenen anzusprechen und ihm Fragen zu stellen, erfordert Mut und setzt eine gewisse sprachliche Gewandtheit voraus. Daher werden nicht alle Kinder von sich aus das Wort ergreifen. Die Erfahrung, dass der oder die Angesprochene freundlich und geduldig alle Fragen beantwortet, ist jedoch ein großer Ansporn für die kleinen Alltagsforscher und stärkt ihr Selbstbewusstsein enorm.

Vor jeder Exkursion sollten Sie in einem Vorgespräch mit der jeweiligen Kontaktperson besprechen, bei welchen Tätigkeiten die Kinder selbst aktiv werden können.

Je nach Thema ist es sinnvoll, über das Jahr verteilt mehrere Besuche in einer Einrichtung einzuplanen. Zum einen werden die Kinder so nicht mit zu vielen Informationen auf einmal überschüttet, zum anderen ergibt sich bei einem weiteren Besuch die Gelegenheit, noch einmal genauer nachzufragen.

Insbesondere naturkundliche Themen (Imker, Apfelbauer) bedürfen einer langfristigen Beobachtung, aber auch die Besuche beim Theater können von einer Probe über eine Besichtigung des Fundus bis zur Aufführung über mehrere Monate verteilt werden. Auf diese Weise wird der Kontakt zu der jeweiligen Institution ausgebaut, es entsteht eine soziale Bindung, vielleicht sogar eine langfristige Partnerschaft oder Kooperation.

Dies dient nicht nur der Förderung der kognitiven, emotionalen und sozialen Entwicklung der Kinder – sie lernen dabei auch ihren Ort bzw. ihre Umgebung und die kommunalen Einrichtungen besser kennen. Sie werden zunehmend Teil der Bürgergemeinschaft, fühlen sich angenommen und entwickeln einen persönlichen Bezug zu den örtlichen Strukturen, Vereinen und Institutionen.

Verkehrserziehung in der Praxis – Kinder werden mobil

Bei jeder Exkursion nehmen die Kinder aktiv am Straßenverkehr teil. Straßen werden an Ampeln oder Zebrastreifen überquert, Fahrrad- und Fußgängerwege müssen als solche erkannt werden. Je öfter Kinder solche Situationen unter Aufsicht üben können, desto sicherer und selbstständiger werden sie als Verkehrsteilnehmer.

Die Kinder lernen, welche Möglichkeiten die öffentlichen Verkehrsmittel bieten, wie man sich beim Ein- und Aussteigen in Busse und Bahnen verhält oder eine Fahrkarte löst und entwertet. Nicht zuletzt bedeutet jede Unternehmung auch eine Förderung der Motorik. Denn wer unterwegs ist, bewegt sich, wird je nach Gelände grobmotorisch gefordert und trainiert seine Ausdauer.

Lernchancen

▸ *Sozial-emotionale Kompetenzen*

- Stärkung des Gruppengefühls
- Steigerung des Selbstwertgefühls/des Selbstvertrauens
- Kooperation in der Gruppe im Hinblick auf ein gemeinsames Ziel
- Akzeptieren und Einhalten von Gruppenregeln

▸ *Sprache*

- Absprachen treffen – miteinander ins Gespräch kommen
- den Wortschatz erweitern
- Fragen stellen – Interviewtechniken entwickeln
- Beobachtungen und Erfahrungen formulieren

▸ *Natur, Lebenswelt und Technik*

- Lebensräume, Institutionen und Berufsfelder kennenlernen
- Erlebnisse und Beobachtungen beschreiben und dokumentieren
- Fragen stellen und experimentieren
- Arbeitsschritte planen und koordinieren

▸ *Körper und Gesundheit*

- Förderung einer differenzierten Wahrnehmung
- Förderung der grob- und feinmotorischen Fertigkeiten und Fähigkeiten
- Zusammenhänge zwischen Umwelt und Körper erkennen

▸ *Musisch-ästhetische Bildung*

- verschiedene Kunstformen kennenlernen
- sich über Kunst austauschen, ihrer Wirkung nachspüren
- eigene Erfahrungen künstlerisch zum Ausdruck bringen
- künstlerisches Gestalten als Gemeinschaftsprozess erfahren

▸ *Ethik und Wertebildung*

- Sensibilität für Andersartigkeit entwickeln und diese achten
- Verantwortung für das eigene Handeln übernehmen (gegenüber anderen Menschen und der Natur)

So geht's! – Praktische Hinweise

Überlegungen und Absprachen im Vorfeld

- Knüpfen Sie frühzeitig Kontakte zu „Experten", die sie im Kindergartenjahr aufsuchen möchten. Vereinbaren Sie Termine, die Sie in die Jahresplanung aufnehmen.
- Besuchen Sie den Zielort vor der Gruppen-Aktion alleine und teilen Sie Ihrer Kontaktperson Besonderheiten der Gruppe mit. Bitten Sie um eine kindgemäße Sprache und besprechen Sie, wann und wo die Kinder selbst tätig werden können.
- Es ist wichtig, dass Sie die örtlichen Gegebenheiten kennen. (Gibt es eine Toilette, können in der Einrichtung die Hände gewaschen werden, kann dort eine Pause gemacht werden?)
- Überlegen Sie, ob es sinnvoll ist, die Gruppe bei der Besichtigung zu teilen. Bedenken Sie dabei auch die Anzahl der Begleitpersonen und bitten Sie ggf. Eltern um Mithilfe.
- Planen Sie Pausen ein und klären Sie im Vorfeld, wo diese stattfinden können. Gibt es unterwegs einen Spielplatz, oder kann ein Picknick Teil der Exkursion sein? Wie sieht es je nach Witterung mit Alternativen aus?
- Stellen Sie didaktische Vorüberlegungen an: Welches Vorwissen ist für die Unternehmung erforderlich? Welche möglichen Lernchancen ergeben sich? Was wird die Gruppe vermutlich besonders interessieren? Eine Mind Map ist hier ein hilfreiches und anschauliches Mittel für Ihre Vorbereitung, auch im Team.
- Denken Sie im Vorfeld darüber nach, wie Sie das Thema nach der Exkursion in der Kita weiterentwickeln, dokumentieren (Fotos/Buch/Leporello) und nachbereiten.
- Auch wenn es zunächst einen Mehraufwand bedeutet: Es lohnt sich, die Vor- und Nachbereitung, sowie die Durchführung der Exkursion für das Kita-Team zu dokumentieren. Reflektieren Sie die einzelnen Schritte. So erleichtern Sie Ihren Kolleginnen, die vielleicht in der Zukunft eine ähnliche Exkursion planen, die Arbeit. Und Sie selbst erlangen Klarheit darüber, was gelungen und was verbesserungswürdig ist.

Ausrüstung der Kinder – hier sind die Eltern gefragt

- Rucksäcke: Bei vielen Rucksäcken rutschen die Träger über die schmalen Schultern der Kinder. Ein Brustgurt, der auch nachträglich angebracht werden kann, ist hier hilfreich.
- Kleidung: Gutes Schuhwerk, ggf. Regenkleidung oder Sonnenschutz.
- Vesper und Getränke: gut schließende Gefäße, kein Glas!

- Sitzunterlage: Ist ein Picknick im Grünen angedacht, sind Stücke von Isomatten hilfreich, die leicht in den Kinderrucksäcken verstaut werden können. Zum einen können die Kinder damit bei fast jeder Temperatur warm und trocken auf dem Boden sitzen, zum anderen ist ihr Sitzplatz klar definiert.

Ausrüstung der Begleitpersonen

- Erste-Hilfe-Set
- Sonnencreme
- Taschentücher, evtl. Feuchttücher
- Handy und Telefonliste
- evtl. ein Bollerwagen (für Gepäck, Fundstücke, Wasserkanister zum Händewaschen, Proviant usw.)
- evtl. Becherlupen, Blöcke und Stifte, Fotoapparat, Kassettenrekorder, Bestimmungsbücher – je nach Thema und Exkursionsziel

Wie Sie mit diesem Buch arbeiten

In jedem Kapitel finden Sie in dieser Anordnung Antworten auf folgende Fragen:

Lernchancen
Was können die Kinder hier erfahren und lernen?

Die Aktion
Wie kann ich die Exkursionsidee umsetzen?

Hintergrundwissen
Was sollte ich selbst zum Thema wissen?

Ideen zur Vor- und Nachbereitung
Wie kann ich die Exkursion in der Kita mit den Kindern vorbereiten?
Wie kann ich Wissen und Erkenntnisse nach der Exkursion vertiefen und handlungsorientiert weiterentwickeln?

Medientipps
Welche Bücher und Links gibt es zum Thema?

Ein Wort auf den Weg

„Wer andre Augen öffnen will, muss vor allem selber die Augen schon offen haben."

Christian Morgenstern

Diese Worte seien Ihnen ans Herz gelegt. Öffnen Sie Augen und Ohren für die Fragen und Interessen der Kinder und versuchen Sie, sich Ihre eigene Neugier und Wissbegierde zu bewahren. Wer mit offenen Sinnen seine Umwelt wahrnimmt, findet viele Exkursionsziele, die eine Begegnung mit Personen, Örtlichkeiten und Einrichtungen ermöglichen und zu weiteren Aktivitäten anregen.

Ein gutes Gelingen und viele frische Ideen wünscht Ihnen

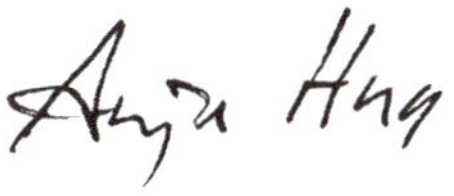

Vorhang auf!

Hinter den Kulissen des Theaters

Puppentheater und Schauspiel üben auf Kinder eine große Faszination aus. Dass hinter einer Vorführung viel Arbeit steckt und mit welchen Mitteln dabei gearbeitet wird, zeigt ein Besuch im Theater und seinen Werkstätten. Vielleicht inspiriert er die Kinder ja auch zu einer eigenen Produktion!

Lernchancen

Sozial-emotionale Kompetenzen

- den Mut finden, sich vor Publikum zu präsentieren
- Körpersprache bei sich und anderen bewusst wahrnehmen

Sprache

- eigene Texte improvisieren
- vorgegebene Texte lernen und wiedergeben
- nonverbale Sprache als Ausdrucksmittel erkennen und einsetzen

Natur, Lebenswelt und Technik

- eine Aufführung planen und durchführen
- erste Erfahrungen zum Thema Maßstab (Kulissen, Theater im Karton)

Körper und Gesundheit

- den Körper als Darstellungs- und Ausdrucksmittel erfahren

▸ *Musisch-ästhetische Bildung*

- Ideen einen künstlerischen Ausdruck verleihen
- das Theater als kulturelle Einrichtung kennenlernen
- Kulissen gestalten
- Musik für dramaturgische Effekte nutzen

▸ *Ethik und Wertebildung*

- Theater als Möglichkeit erfahren, Botschaften und Werte zu vermitteln

Die Aktion

Für eine Entdeckungsreise in die Welt des Schauspiels – ob vor oder hinter den Kulissen – sind in jedem Fall die mittlerweile an fast jedem größeren Theater tätigen Theaterpädagogen die richtigen Ansprechpartner. Es bietet sich an, zunächst mit der Gruppe ein Stück im Theater anzusehen und an einem anderen Tag eine Besichtigung anzuschließen. Diese beiden Unternehmungen sollten in zeitlicher Nähe zueinander stattfinden.

Vor dem Besuch eines Theaterstücks sollten die Kinder unbedingt in die Handlung eingeführt werden. Mittlerweile gibt es an vielen Theatern sogar die Möglichkeit, dass Schauspieler oder andere Mitarbeiter der Spielstätten die Kita besuchen und mit den Kindern Szenen, Handlungselemente und Charaktere vorbereitend erarbeiten. Manchmal ist es auch möglich, an einer Probe teilzunehmen.
Nach dieser intensiven Beschäftigung mit der Welt auf der Bühne, kann sich nun der Ausflug hinter die Kulissen anschließen. Hier einige Vorschläge, wie sie mit den Kindern die verschiedenen Bereiche eines Theaters erforschen können.

Gang um das Theatergebäude

Bevor Sie mit den Kindern das Theater betreten, könnten Sie einmal den gesamten Gebäudekomplex umwandern. Vielleicht zählen Sie sogar die Schritte oder überlegen, wie viele Kinder sich an der Hand halten müssten, um das Theatergebäude zu umfassen. So erhalten die Kinder einen Eindruck von der Größe des Gebäudes und können erahnen, dass Bühne und Zuschauerraum nur einen kleinen Teil des ganzen Gebäudekomplexes ausmachen.

Lässt sich durch das eine oder andere Fenster ein Blick in die Werkstätten erhaschen? Besonders feine Spürnasen erkennen den Geruch von Sägemehl oder Lackfarbe und möglicherweise können wir sogar Darsteller bei Gesangs- oder Textproben hören.

Der Zuschauerraum

Ein leerer Zuschauerraum beeindruckt durch seine Menge an Sitzen. Wer kann schätzen, wie viele Menschen im Saal Platz finden? Vielleicht zählen Sie mit den Kindern eine Stuhlreihe durch, dann fällt das Schätzen leichter.

Bei nicht besetzten Stühlen wird die Anordnung der Sitze in ***Parkett*** und ***Ränge*** (eventuell sogar ***Logen***) deutlich und diese können benannt werden. An der Hinterseite des Zuschauerraumes sind vielfach Scheiben zu sehen, hinter denen sich während der Aufführung die Beleuchter und Tontechniker befinden.

Teile der Bühne

Zwischen Zuschauerraum und Bühne befindet sich der ***Orchestergraben***. Sicher werden die Kinder staunen, wie weit der gesamte Bühnenraum nach hinten reicht und wie klein von hier aus der Zuschauerraum wirkt.

Auf der ***Bühnenfläche*** sind zahlreiche Klappen zu entdecken – mit ihrer Hilfe können Darsteller während der Vorstellung plötzlich auf der Bühne auftauchen oder von ihr verschwinden. Manche Theater verfügen über eine ***Drehbühne***. Auf dieser zylindrischen Scheibe können Kulissenteile einfach durch Drehen zum Zuschauerraum hin- oder von ihm wegbewegt werden.

Unter der Decke des Bühnenraumes beeindruckt der ***Schnürboden***. An zahlreichen Schnur- und Drahtkonstruktionen können Bühnenbilder, Lampen und auch Menschen auf die Bühne herabgesenkt oder so weit nach oben gezogen werden, dass sie vom Zuschauerraum aus nicht zu sehen sind. Im hinteren Bühnenhaus sind vielleicht noch Teile der Kulissen zu entdecken, die bei der vorher besuchten Aufführung benutzt wurden.

Seitlich der Bühne, für die Zuschauer unsichtbar, befindet sich der ***Inspizientenraum***. Während der Aufführung sitzt dort der Inspizient bzw. die Inspizientin und sorgt dafür, dass alles reibungslos abläuft, die Schauspieler sich im vollständigen Kostüm und mit den entsprechenden Requisiten zur richtigen Zeit bereithalten und das Bühnenbild entsprechend aufgebaut ist. Ein verzweigtes Lautsprechersystem ermöglicht es, von diesem Raum aus Technikern und Schauspielern Anweisungen zu geben, ohne dass die Zuschauer etwas bemerken. Für jedes Stück gibt es ein entsprechendes Schriftwerk, in dem alle wichtigen Informationen zusammengetragen sind.

Die Werkstätten

Plastische Objekte für die Bühnenbilder (Bäume, Statuen u. Ä.) werden meist aus Styropor und Gips angefertigt. Es ist beeindruckend, wie täuschend echt eine „Bronzeplastik" aus der Theaterwerkstatt aussieht und wie leicht sie ist. Styropor ist hierfür ein besonders beliebtes Material, weil es kostengünstig ist und aufgrund seines geringen Gewichts beim Auf- und Abbau einfach bewegt werden kann.

Vielleicht können Sie mit den Kindern das Modell eines Bühnenbildes und einige bereits fertige Originalteile betrachten. So können die Kinder erkennen, wie aus einer Idee in Miniaturausgabe ein riesiges, raumfüllendes Bühnenbild wird.

Der ***Malsaal*** beeindruckt zunächst durch seine große Glasfront und das einfallende Licht, das beim Malen der Kulissen benötigt wird. Auch für diese gibt es in der Regel ein Modell im Kleinformat, das mit Hilfe eines auf dem Boden aufgezeichneten Rasters vergrößert wird. Wie viele Schritte misst wohl der Umfang eines Bühnenbildes?

Faszinierend sind die „Pinsel", mit denen hier gearbeitet wird. Sie sehen eher aus wie Besen und auch die Farbtöpfe sind riesig. Am Rand des Malsaales befindet sich häufig eine Empore, von der aus das Kunstwerk als Ganzes betrachtet werden kann. Große Gebläse sorgen dafür, dass die Werke schneller trocknen.

Der Fundus

Hier gibt es Kleider, Röcke und Anzüge aus allen Epochen und aus den verschiedensten Materialien zu sehen. Dazu Hüte, Schuhe und andere Accessoires in allen Farben und zahlreiche Fantasie-Kostüme. Sprechen Sie schon im Vorfeld mit den Verantwortlichen ab, ob den Kindern bei der Führung einige besondere Kostüme gezeigt werden können. Wer kann erraten, was sie darstellen? Vielleicht ist auch das eine oder andere Kostüm aus dem gemeinsam besuchten Theaterstück dabei?

Die Maske

Hier sieht es ein wenig aus wie beim Frisör. Es gibt Waschbecken, allerlei Kosmetika, Trockenhauben und viele Spiegel. Schön, wenn die Kinder dazu noch Perücken und falsche Bärte oder auch künstliche Körperteile wie Hexennasen oder -finger, vergrößerte Ohren und Ähnliches zu sehen bekommen.

Tipps zur Planung

- Theaterpädagogische Veranstaltungen sind sehr gefragt. Daher ist es ratsam, frühzeitig Kontakte herzustellen und sich über geeignete Stücke und Besichtigungstermine zu informieren.
- Klären Sie vor der Besichtigung ab, welche Bereiche des Theaters angeschaut werden können. Die Enttäuschung unter den Kindern ist groß, wenn etwa die große Bühne wegen Probearbeiten nicht besucht werden kann.
- Weniger ist manchmal mehr. Sie selbst können am besten einschätzen, in welchem zeitlichen Rahmen Ihre Gruppe aufnahmefähig ist. Treffen Sie ggf. eine Auswahl der Räumlichkeiten im Theater (besondere Interessen der Kinder).
- Nehmen Sie ausreichend Begleitpersonen zu dieser Erkundung mit, damit kein Kind in den verzweigten Gängen des Theaters verloren geht.

- Sie können auch „Forscheraufgaben" an Kleingruppen verteilen: Jede soll sich die Informationen zu einem bestimmten Bereich des Theaters besonders gut merken. Die betreffenden Kinder werden nach der Rückkehr die Spezialisten auf diesem Gebiet sein und ihr Wissen an die anderen weitergeben.
- Bei dieser Aktion bekommen die Kinder viel zu sehen und legen einiges an Wegstrecke zurück. Planen Sie deshalb nach dem großen Schlussapplaus noch eine Vesper- und Trinkpause ein, bevor Sie den Heimweg antreten.

Hintergrundwissen

Kinder und Theater

In Deutschland werden nach Angaben des Deutschen Bühnenvereins jährlich in rund 370 Theatern und 130 Opern- und Sinfonieorchestern etwa 120.000 Vorstellungen gezeigt. Festspiele und Tourneetheater sind hier nicht berücksichtigt. Etwa 35,5 Millionen Menschen in Deutschland kommen in den Genuss dieser kulturellen Ereignisse – das ist weniger als die Hälfte der Bevölkerung.

Insbesondere „bildungsferne Schichten" haben wenig Kontakt zu kulturellen Einrichtungen wie dem Theater. Das hat zum einen finanzielle Gründe (Theaterkarten sind trotz starker Subventionierung relativ teuer), viele Menschen haben aber auch Berührungsängste mit dieser „hohen Kulturform".

Diesem Vorurteil gilt es schon in der frühen Kindheit zu begegnen. Durch einen Besuch im Theater können Hemmschwellen abgebaut werden. Die Kinder erleben die Mitarbeiter des Theaters als „Menschen wie du und ich". Sie erkennen, dass hinter einer Vorführung viel Arbeit und Planung steckt und dass Schauspieler und Helfer im Hintergrund gut zusammenarbeiten müssen, damit das Publikum am Ende begeistert applaudiert.

Ein Theaterbesuch und der Blick „hinter die Kulissen" wecken die Begeisterung der Kinder und regen zur Nachahmung an. Kinder können ihre Kreativität ausleben, wenn sie in verschiedene Rollen schlüpfen und erproben dabei Verhaltensweisen, die sie im „realen Leben" vielleicht nie zeigen würden – obgleich sie in ihnen stecken. So stärken eigene Schauspiel-Erfahrungen soziale und emotionale Kompetenzen.

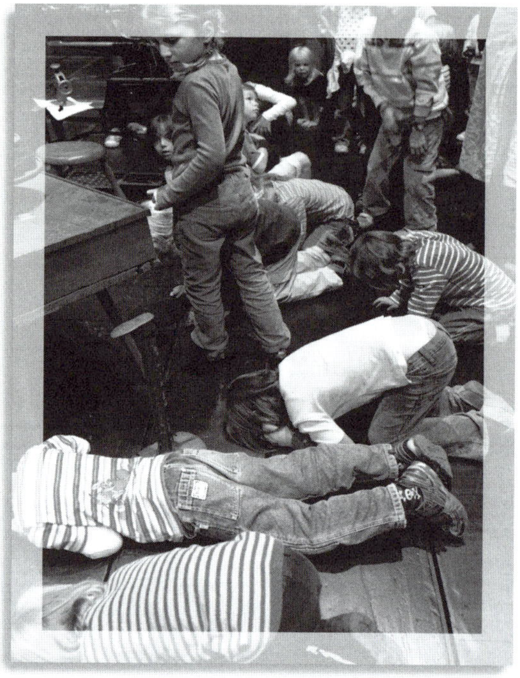

Seit einigen Jahren werden Kinder stärker als Zielgruppe für Theateraufführungen in den Blick genommen. Zahlreiche Initiativen in den einzelnen Bundesländern versuchen durch viele Aktionen und unterschiedlichste Modelle der Zusammenarbeit mit Kitas und Schulen, Kinder und Theater zusammenzubringen.

Theaterspiel in der Kita

Wer in der Kita ein Theaterstück mit Kindern inszeniert, sollte seine Ziele nicht zu hoch ansetzen. Hilfreich ist im Vorfeld der Kontakt zu Theaterpädagogen und das Gespräch mit Kolleginnen, die bereits über Erfahrungen in diesem Bereich verfügen.

Bei einer ersten „Produktion" muss sicher kein Dreiakter angestrebt werden. Auch Balladen oder andere Erzählgedichte lassen sich schauspielerisch umsetzen. Entsprechende Stimmungen können durch Instrumente oder andere Geräusche erzeugt werden.

Für jedes Kind ist es eine besondere Erfahrung, im Wissen, sein Bestes gegeben zu haben, auf der Bühne im Mittelpunkt zu stehen. Auch wenn dies erst beim Schlussapplaus der Fall ist, wenn wirklich alle, die am Gelingen der Aufführung beteiligt waren, ihren Auftritt haben.

Einige Grundsätze zur Theaterarbeit mit Kindern

- Jedes Kind sollte in irgendeiner Form beteiligt sein: Bei der Herstellung der Kostüme, oder des Bühnenbilds, bei der Beschaffung der Requisiten oder beim Auf- und Abbau; als Souffleur/se, als Maskenbildner/in, Schauspieler/in, Beleuchter/in, Tontechniker/in, Musiker/in, Plakatmaler/in, Platzanweiser/in oder Designer/in der Eintrittskarten.

- Trennen Sie von Beginn der Proben an den Bühnen- vom Zuschauerbereich. Den Kindern muss klar sein, wo sie sich während der Aufführung aufhalten können, von wo sie auftreten und wohin sie abgehen. Außerdem ist es wichtig, den gesamten Raum der Bühne zu bespielen.
- Vor jeder Probe lockert ein Bewegungsspiel die Gelenke und die Atmosphäre, kleine Konzentrationsübungen sind manchmal ebenfalls hilfreich.
- Wichtig ist, dass nicht Sie als Erzieherin die Regie alleine übernehmen. Auch Kinder sind genaue Beobachter und haben gute gestalterische Ideen. Häufig gelingt es ihnen besser als Erwachsenen, anderen zu vermitteln, wie sie ihr Spiel noch verbessern könnten.
- Achten Sie darauf, dass die Darsteller möglichst deutlich und langsam sprechen. Lassen Sie beim Proben ein Kind testen, ob das Gesprochene auch im hintersten Winkel des Zuschauerraumes gut zu verstehen ist.
- Spätestens in der Generalprobe sollten alle in ihren Kostümen spielen. Denn auch der Umgang mit wallenden Roben und lustigen Hüten will gelernt sein.
- Legen Sie, wie das auch im „großen" Theater üblich ist, eine „Applausordnung" fest. Proben Sie, wer nach Beendigung des Stückes mit wem auf die Bühne tritt, um sich dem Applaus des Publikums zu stellen.

Ideen zur Vor- und Nachbereitung

Theater im Schuhkarton

Material

- größere Schuhkartons, Papierreste und Papprollen
- Wolle, Stoffreste, Krimskrams
- Holzleim, Schere, Lackfarben auf Wasserbasis
- Pinsel, Malkittel und Arbeitsunterlage

In Anlehnung an die Modelle der Bühnenbildner gestalten die Kinder eine Kulisse im Kleinformat. Dafür den Karton ohne Deckel auf eine seiner großen Seitenflächen stellen. Der Boden des Schuhkartons wird die Rückwand des Theaterraumes. Die obere große Seitenfläche des Kartons wird herausgeschnitten, damit Licht in den Theaterraum fallen kann.

Wechselnde Bühnenbilder können an einem dünnen Rundholz befestigt und in Einkerbungen an den Seitenwänden der Bühne eingehängt werden. Bäume, Häuser und weitere Kulissen werden auf der „Bühne" arrangiert und befestigt. Das Thema könnte die besuchte Theateraufführung sein oder Sie erzählen eine Geschichte, zu der in Einzel- oder Gruppenarbeiten Bühnenbilder geschaffen werden sollen.

Tipps

- ▶ Ältere Kinder können kleine Papierpuppen an Schaschlikstäben befestigen und mit diesen in der gestalteten Kulisse Theater spielen.
- ▶ Mit farbigem Papier vor Taschenlampen und ähnlichen Lichtspielereien kann die Bühne illuminiert werden.

Gefühle zeigen ohne Worte

Material

- eine Liste mit Gefühlen, Stimmungen und Befindlichkeiten
- evtl. Tücher in verschiedenen Farben

Bei diesem Ratespiel geben Sie einem Kind eine Stimmung oder ein Gefühl vor. Oder das darstellende Kind flüstert Ihnen zu, was es ausdrücken möchte (Beispiele: fröhlich, traurig, schlapp und müde, fit, stark, schwach, wütend, gelangweilt, usw.). Wenn das Kind mag, kann es zur Unterstützung seiner pantomimischen Darstellung ein farblich passendes Tuch auswählen. Die übrigen Kinder versuchen zu erraten, um welche emotionale Befindlichkeit es geht.

Variante
Die Kinder stellen Situationen pantomimisch dar – „auf den Bus warten", „Zaubertrank kochen", „den Hund ausführen" usw.

Heute bin ich jemand anderes!

Material

- Verkleidungskiste
- evtl. Schminke

Mithilfe von Kostümen und Requisiten schlüpfen die Kinder in andere Rollen. Sie erleben, dass die ungewöhnliche Kleidung ihre Bewegungen verändert und dass sie auf ihre Umwelt anders wirken. Hier einige Anregungen rund ums Verkleiden und Kostümieren:

- Die Kinder raten, wen oder was der andere darstellt.
- In einer Art Modenschau werden die Kostümierungen vorgestellt.
- Entwickeln Sie mit den Kindern bestimmte Bewegungsmuster: Wie läuft ein alter Mensch, wie bewegt sich ein Kind auf der Straße? An welcher Körperhaltung kann man erkennen, ob jemand gebrechlich und müde oder voller Schwung ist? Hier erfahren die Kinder einiges über Körpersprache und -ausdruck.
- Sammeln Sie in einem Koffer allerlei Requisiten. Reihum nimmt sich jedes Kind ein Objekt und stellt mit diesem eine Szene dar oder beschreibt, was es darin sieht. So kann eine Orange eine Orange sein, aber auch ein Ball, die aufgehende Sonne, ein fremder Planet, ...

Wir machen Theater!

Mit Sicherheit wird nach dem Besuch einer Theatervorstellung bei den Kindern der Wunsch aufkommen, selbst ein Stück „auf die Bühne" zu bringen. In der Kita sind folgende Möglichkeiten denkbar:

- Entweder entwickeln Sie selbst ein Theaterstück mit den Kindern (hier bieten sich z. B. Märchen, Balladen, Fabeln oder Geschichten an, die Sie im Kita-Alltag vorgelesen haben), oder Sie nehmen ein fertiges Theaterstück als Grundlage (siehe Medientipps, S. 26).
- Die älteren Kinder sind schon in der Lage, einen einfachen zu Text zu lernen und aufzusagen. Den Jüngeren kann dieser vorgelesen werden, während sie die Rolle pantomimisch darstellen. Auch ein Schattentheater ist für die Kinder sehr beeindruckend und leicht selbst zu erarbeiten.
- Für die Koordination und Betreuung der verschiedenen Arbeitsbereiche (Darsteller, Bühnenbildner, Kostümhersteller, usw.) ist es sinnvoll, die Eltern einzubeziehen. So kann in Kleingruppen effektiv gearbeitet werden.
- Natürlich können die Kinder auch mit Puppen Theater spielen. Sei es mit gekauften oder mit selbst gefertigten Puppen aus Socken oder Pappmachée, Löffelpuppen (aus Holzkochlöffeln) oder auch Fingerpuppen aus Papier. Allerdings ist beim Puppentheater die Anzahl der beteiligten Spieler eher beschränkt.

Theater für die Ohren

Neben den Darstellungen der Schauspieler sind beim Theater oft auch akustische Effekte gefragt. Hier einige Beispiele:

▸ Flügelschlag eines Vogels

Dünne Lederhandschuhe an einem Ende festhalten und heftig rütteln, sodass die Fingerspitzen gegeneinanderschlagen.

▸ Donner

Ein großes Blech rütteln oder Murmeln in einen Luftballon füllen, diesen aufpusten und die Kugeln darin aneinanderschlagen lassen.

▸ Laufgeräusche

Je nach Untergrund entweder mit Schuh-Absätzen auf dem Tisch klappern oder Reis in zwei Tüten füllen und auf dem Tisch bewegen. Letzteres klingt so, als ob jemand auf Sand gehen würde.

▸ Regen

Erbsen in einem Sieb hin- und herrollen oder Reiskörner in eine Pappschachtel rieseln lassen. Man kann auch Butterbrotpapier mit einem Gummiband straff über eine Schüssel spannen und Zucker oder Reiskörner daraufrieseln lassen.

▸ Pistolenschuss

Mit einem Lineal kräftig auf einen Tisch knallen.

▸ Nebelhorn eines Schiffes

Die Öffnung einer leeren Glasflasche überblasen.

▸ Pferdegetrappel

Zwei leere Kokosnusshälften gegeneinanderschlagen oder zwei leere Joghurtbecher über den Tisch „galoppieren" lassen.

▸ Wassergeräusche

Sie lassen sich am besten mit echtem Wasser erzeugen. Für einen „Sprung ins Wasser" einen Stein in einen mit Wasser gefüllten Eimer fallen lassen. Das Geräusch einer Meeresbrandung entsteht am besten, indem mit der Hand Wasser in einem Blecheimer hin- und herbewegt wird.

Medientipps

Links zum Thema

http://www.kjtz.de/

- Das Kinder- und Jugendtheaterzentrum (kjtz) ist eine 1989 vom Bundesjugendministerium geschaffene Einrichtung, die das Kinder- und Jugendtheater in allen Bereichen unterstützen und fördern soll.

http://www.theatervonanfangan.de/

- „Theater von Anfang an" ist ein Projekt des Kinder- und Jugendtheaterzentrums für Kinder unter 5 Jahren.

http://www.butinfo.de

- Beim Bundesverband Theaterpädagogik (BuT) gibt es, wie auch bei den entsprechenden Landesverbänden, viele Angebote für Fortbildungen und Workshops zum Thema Theaterpädagogik.

http://www.kinderzumolymp.de/

- Die Jugendinitiative der Kulturstiftung der Länder fördert Ideen zur Zusammenarbeit zwischen Kindern, Jugendlichen und Kultur. Viele interessante Praxisbeispiele, Infos und Links.

http://www.theaterboerse.de/fi

- Vertrieb von Theaterstücken.

http://www.vertriebsstelle.de/

- Vertriebsstelle und Verlag Deutscher Bühnenschriftsteller und Bühnenkomponisten GmbH

http://www.bdat-online.de/

- Bund deutscher Amateurtheater

Bücher für Erwachsene

Kulturstiftung der Länder (Hrsg.)
Kinder zum Olymp! Wege zur Kultur für Kinder und Jugendliche
Wienand Verlag 2004
ISBN: 978-3-879-09829-3, EURO 5,00

- Im Internet werden unter diesem Titel 85 Projekte der gleichnamigen Initiative der Kulturstiftung der Länder vorgestellt.
  http://www.kinderzumolymp.de/

Lisa Bany-Winters
Theater-Spiel-Training für Kinder: Alles für den großen Auftritt
Verlag an der Ruhr 2000
ISBN: 978-3-860-72565-8, EURO 20,50

- Eine Fundgrube für die Text- und Rollenarbeit, auch Begriffe aus der Theaterwelt werden anschaulich vermittelt.

Paul Maar
Kindertheaterstücke
Oetinger Verlag 1984
ISBN: 978-3789119569
und
Neue Kindertheaterstücke
Oetinger Verlag 1999
ISBN: 978-3-789-14223-9, EURO 10,90
▶ Kindertheaterstücke von Paul Maar, dem bekannten und beliebten Kinderbuchautor und versierten Theatermacher.

Stephanie Vortisch
Keine Angst vor dem Theater: Werkstattbuch mit 100 Spielideen und mehr
Beltz 2004
ISBN: 978-3-407-22156-8, EURO 16,90
▶ Dieses Buch bietet Erzieherinnen tatkräftige Unterstützung, erste Schritte im Theaterspiel begeistert und begeisternd zu gehen. Mit vielen praktischen Tipps zur Kostümierung und zum Schminken.

Bücher für Kinder

Claude Delafosse
Licht an! Kino, Tanz, Theater
Bibliographisches Institut 2003
ISBN: 978-3-411-09243-7, EURO 7,95
▶ Eines der beliebten „Taschenlämpen-Bücher" der „kleinen Kinderbibliothek". In diesem Band wird ein Blick hinter die Kulissen von Theatern und Kinos geworfen und nebenbei allerlei Fachwissen transportiert.

Andrea Fisser
Froschkönig Paco
Horncastle Verlag, München 2008
ISBN: 978-3-938822-11-1, EURO 15,95
▶ „Froschkönig Paco ist ein bezaubernd schräges und rührendes Buch über einen Hund, einen Frosch und das tägliche Treiben am Theater. Mit aufklappbaren Seiten für den Blick hinter die Kulissen." (Auszug aus dem Klappentext)

Beim Imker

Keine Angst vor fleißigen Bienen

Honig ist eine beliebte Leckerei, auf die viele von uns ungern verzichten würden. Dennoch begegnen wir Menschen den Bienen, die uns den Honig bescheren, oft mit Angst und Panik. Ein Besuch beim Imker kann viele Vorurteile gegenüber diesen fleißigen Insekten ausräumen, die auch maßgeblich an der Bestäubung der Obstbäume und -sträucher und somit an einer ertragreichen Ernte beteiligt sind.

Lernchancen

▶ ***Sozial-emotionale Kompetenzen***

- Angst vor Bienen und anderen Insekten abbauen

▶ ***Sprache***

- den Wortschatz erweitern

▶ ***Natur, Lebenswelt und Technik***

- Bienen in ihrer Bedeutung für Mensch und Natur kennenlernen
- die Arbeit des Imkers im Jahreslauf verfolgen und dokumentieren
- mit der Herstellung von Nisthilfen einen Beitrag zum Naturschutz leisten

▶ ***Ethik und Wertebildung***

- wertschätzender Umgang mit der Natur

Die Aktion

Wenn wir die Arbeit des Imkers und das Leben der Bienen kennenlernen und verstehen möchten, ist es sinnvoll, dem Bienenstand im Laufe eines Jahres mehrere Besuche abzustatten.

Herbst und Winter

Im Herbst bereitet sich das Bienenvolk auf den Winter vor. Gut genährte Winterbienen lösen die Sommerbienen ab, das Bienenvolk verkleinert sich. Um sich vor der Kälte zu schützen, verengen die Bienen im Spätsommer das Einflugloch des Bienenstocks – der Imker öffnet den Stock in den kühleren Monaten nicht mehr. Er kann aber an einem leeren Stock erklären, wie dieser aufgebaut ist.

Am meisten verbreitet sind heute sogenannte ***Magazin-Beuten*** – das sind mobile Bienenstöcke aus aufeinandergesetzten Holz- oder Kunststoffkisten (Zargen), die jeweils unten und oben offen sind und mit einem Boden und einem Deckel versehen werden. Im Stock befinden sich mehrere aufgehängte ***Rahmen***, die nach Entfernen des Deckels bequem von oben entnommen werden können. In die Rahmen sind aus Bienenwachs gegossene Mittelwände „eingelötet". Sie geben den Arbeiterbienen die Wabengröße vor und erleichtern ihnen die Arbeit.

Vielleicht können die Kinder alte, ausgeschleuderte Waben betrachten und so etwas über die Baukunst der Bienen erfahren. Besonders faszinierend ist die gleichmäßige Anordnung der sechseckigen ***Waben***.

Der Imker kann den Kindern erklären, warum die Bienen im August mit ***Zuckerlösung*** gefüttert werden: Bei der Honigernte werden den Bienen ihre Wintervorräte entzogen. Da bei uns im Winter fast keine Pflanzen blühen und die kalten Temperaturen ein Fliegen unmöglich machen, würde ein Bienenvolk ohne Ersatznahrung verhungern und sterben.

Etwa von Oktober bis Januar legen die Bienen eine Arbeitspause ein. Das Wintervolk bildet eine sogenannte ***Wintertraube***, in deren Mitte sich die Königin befindet. Die Arbeiterinnen rotieren immer wieder vom Äußeren zum Inneren der Traube. So kann sich jede an den anderen wärmen. Die Temperatur sinkt durch die Aktivität der Flugmuskeln nie unter 20° C. Wer das Glück hat, einen Bienenlehrstand besuchen zu können, kann die Bienen in ihrem Stock hinter Glas beobachten. Ein ganz besonderes Erlebnis!

Vielleicht kann der Imker der Kita etwas Bienenwachs überlassen. Dann können im Winter aus Wachsplatten Kerzen gerollt oder aus eingeschmolzenem Wachs Kerzen gezogen werden.

Frühjahr

Wenn im März oder April die Temperaturen 20° C erreicht haben, kann man einen ersten ***Blick in den wieder erwachenden Stock*** werfen, denn nun besteht keine Gefahr mehr, dass die Brut unterkühlt werden könnte. Der Imker reinigt nun die Bienenkästen und kontrolliert sie auf Feuchtigkeit und Schimmelstellen.

Die Kinder können die Bienen beim ***Ausschwärmen*** beobachten und entdecken die „gelben Hosen" der Sammelbienen, die mit Pollen gefüllt sind. Spätestens mit der Rapsblüte Anfang Mai wird Honig eingetragen – die sogenannte ***Frühtracht***.

Die Honigernte

Bis zu vier Ernten sind im Jahr möglich. Nach der Frühtracht folgen ein oder zwei Trachten im Laufe des Sommers und meist eine Spättracht im August vor der Einwinterung.
Bei der Entnahme der Rahmen können nur wenige Kinder direkt mithelfen. Hierfür ist eine entsprechende ***Schutzkleidung*** unabdingbar, zudem dürfen die Kinder keine plötzlichen Bewegungen machen. Der Imker besänftigt die Bienen ggf. mit etwas Smoker, einem Rauchmittel, öffnet die Beute und entnimmt einige Honigwaben. Die darauf sitzenden Bienen werden abgeklopft und abgefegt. Die vollen Waben werden in ein leeres Magazin gehängt und schnell mit einem Tuch abgedeckt.

Das Schleudern des Honigs und alle Vorarbeiten erfolgen im geschlossenen Raum. Könnten die Bienen den Honiggeruch wahrnehmen, würden sie ausschwärmen und aggressiv werden.

Beim ***Entdeckeln*** wird nun die oberste Wachsschicht mit einer Art Gabel von den Waben abgehoben. Diese Arbeit können die Kinder übernehmen. Darunter befindet sich der Honig, der zum Teil schon beim Öffnen der Waben herausquillt und in einer Schale aufgefangen wird. Wer mag, kann – wenn der Imker das erlaubt – etwas von dem ***Wachs*** in den Mund nehmen und darauf kauen. An dem Wachs haftet etwas Honig, eine Art natürlicher und sehr süßer (Zähneputzen hinterher nicht vergessen!) Kaugummi – vielleicht der älteste Kaugummi der Welt? Das Wachs muss nachher natürlich ausgespuckt werden.

Bereits während dieser Arbeiten füllt sich der Raum mit einem köstlichen süßen Duft, der beim Schleudern noch zunimmt. Beim Entdeckeln muss besonders auf ***Hygiene*** geachtet werden. Die klebrigen Hände können immer wieder gewaschen werden, aber es darf kein Wasser in den Honig gelangen.

Die entdeckelten Waben werden in eine manuell oder elektrisch betriebene Zentrifuge, die ***Honigschleuder***, gestellt. Beginnt sich diese zu drehen, wird der Honig durch die entstehenden Fliehkräfte aus den Waben gezogen. Er läuft an der Innenseite der Schleuder ab und fließt durch einen Hahn nach außen. Das „flüssige Gold" wird noch durch ein Sieb geführt, damit letzte Wachsreste abgefangen werden. Vielleicht ist es möglich, direkt nach dem Schleudern leckere Honigbrote zu verzehren. Da beim Schleudern und Entdeckeln immer nur einige Kinder helfen können, könnte ein anderer Teil den Imbiss vorbereiten. Die Gruppen wechseln sich natürlich ab.

Nach dem Schleudern wird der Honig über Tage mehrfach gerührt, um eine gleichmäßige Kandierung zu erwirken. Der eventuell entstehende Schaum wird abgeschöpft, dann ist der Honig fertig! Er wird in Gläser abgefüllt und kann mit schönen, selbst gestalteten Etiketten verziert werden.

Tipps zur Planung

- Informieren Sie sich, ob es bei Ihnen in der Nähe einen sogenannten „Bienenlehrstand" gibt. Hier können die Bienen durch eine Glaswand in ihrem Stock beobachtet werden. Ansprechpartner sind der Deutsche Imkerbund und die verschiedenen Naturschutzverbände (siehe Links auf S. 40).
- Klären Sie im Vorfeld ab, ob Kinder bereits allergische Reaktionen im Zusammenhang mit Insektenstichen gezeigt haben.
- Bitten Sie die Eltern darauf zu achten, dass die Kleidung der Kinder am Exkursionstag hell ist und wenige „Einfluglöcher" für die Insekten bietet (keine weiten Ärmel oder Ausschnitte!). Bienen stechen nur zu, wenn sie sich bedroht fühlen. Dies kann leicht geschehen, wenn sie zwischen Haut und Kleidung „eingesperrt" sind.
- Erkundigen Sie sich beim Imker, welche Verhaltensregeln Sie und die Kinder bei Ihrem Besuch beachten sollten und bereiten Sie die Gruppe entsprechend vor.
- Planen Sie mehrere, über das Jahr verteilte Besuche beim Imker ein.

Hintergrundwissen

Honig – Produktion und Bedarf

In Deutschland produzieren etwa eine Million Bienenvölker, die von 81.000 Imkern betreut werden, jährlich ca. 20.000 bis 25.000 Tonnen Honig. Dies deckt aber nur 20% des Bedarfs, denn jeder Einwohner verzehrt durchschnittlich etwa 1,4 kg (also etwa 3 Gläser) Honig pro Jahr – so die Statistik des Deutschen Imkerbundes.

Eine Biene legt in ihrem Leben eine Flugstrecke von rund 8000 Km zurück. 1 kg Honig stellt die Lebensarbeit von 35–400 Bienen dar. Das Sammelgebiet eines Bienenvolkes erstreckt sich auf annähernd 50 Quadratkilometer. Es ist damit etwa so groß wie das Stadtgebiet einer Großstadt wie Köln.

Um Honig zu produzieren, nimmt eine Biene Blüten-Nektar oder andere zuckerhaltige Pflanzensäfte auf und reichert diese durch körpereigene Stoffe an. Honig enthält verschiedene Zuckerarten, Pollen, zahlreiche Vitamine, Mineralstoffe und Enzyme. Deutscher Honig darf keine Zusätze enthalten, er ist naturbelassen.

Das Handwerk des Imkers hat sich aus der Zunft der Zeidler entwickelt, die in Bäumen Höhlen für die Wildbienen anlegten und dort den Honig „ernteten".

Die Bienen

Es gibt in Deutschland etwa 500 Bienenarten. Die meisten von ihnen sind sogenannte ***Solitärbienen***, d. h. sie leben einzeln und bilden keine Staaten. Die ***europäische Honigbiene*** lebt in einem ***Staat***, der im Sommer aus 10.000 bis 40.000 Bienen besteht.

Bei unseren Honigbienen werden drei ***Wesen*** unterschieden: die Königin, der Drohn und die Arbeiterin. Sie erfüllen im Bienenvolk spezielle Aufgaben und unterscheiden sich in Entstehung, Körperbau und Verhalten. Alle Bienenwesen durchlaufen eine Metamorphose vom Ei über das Larven- und das Puppenstadium bis zur „fertigen" Biene.

Die Königin wird von Geburt an von Ammenbienen versorgt, denn sie leistet Schwerstarbeit: Sie legt von März bis August pro Tag bis zu 1200 Eier. Deshalb wird sie mit einem energie- und eiweißreichen Futtersaft, dem Gelée royal, gefüttert. Die Königin lebt als einziges Bienenwesen mehrere Jahre. Sie koordiniert das ganze Bienenvolk durch die Wirkung ihrer Duftstoffe (Pheromone), die durch die Arbeiterbienen gleichmäßig im Volk verteilt werden.

Der Drohn (oder auch *die Drohne*) entsteht aus einem unbefruchteten Ei. Ihm kommt nur eine Aufgabe zu: Wenn junge Königinnen zum Hochzeitsflug starten, begattet er diese – danach stirbt er.

Die Arbeiterin ist die eigentliche Honigproduzentin. Sie übernimmt im Laufe ihres Lebens unterschiedliche Aufgaben: Putzen, Aufräumen, die Ammendienste und die Betreuung der Königin, Wabenbau und Honigbereitung. Ältere Arbeiterinnen fungieren außerhalb des Bienenkorbes als Wächterinnen, Erkundungsbienen und Sammlerinnen. Die Arbeiterinnen, die im Sommer Honig einlagern, sterben vor dem Winter. Ihre gezielte Vorratswirtschaft betreiben sie ausschließlich für die kommende Generation.

Übrigens leben ***Winterbienen*** deutlich länger als ***Sommerbienen***: Winterbienen leben 7–8 Monate, Sommerbienen nur 6–8 Wochen. Kein Wunder, wenn man bedenkt, welche Leistungen die Arbeiterinnen im Sommer vollbringen!

Bedeutung der Bienen für die Landwirtschaft

Bienen, darunter auch Wildbienen und Hummeln, sind für die ***Bestäubung*** von Pflanzen von Bedeutung. Wenn eine Biene auf der Suche nach Nektar eine Blüte besucht, haftet in den Härchen des Insekts Blütenstaub oder ***Pollen***, der teilweise an der klebrigen Narbe einer anderen Blüte haften bleibt. So wird diese bestäubt und auch hier nimmt die Biene wieder Pollen von den Staubblättern mit. Nach Angaben des Deutschen Imkerbundes sind rund 85% der landwirtschaftlichen Erträge in Deutschland abhängig von der Bestäubung der Bienen. Somit ist die Biene auch in dieser Hinsicht ein wichtiges Nutztier.

Bienenprodukte

Neben dem Honig liefern uns die Bienen noch allerlei andere Produkte.

Der ***Pollen***, den die Bienen als „Nebenprodukt" beim Nektarsammeln mitbringen, ist ihre wichtigste Eiweiß-Quelle. Der Imker kann einen Teil davon separat aus dem Stock „ernten", ohne dass die Bienen Schaden nehmen. Einige Menschen, vor allem Vegetarier, nehmen Pollen als Eiweiß- und Vitamin B1-Lieferant zu sich. 100 g Pollen enthalten soviel Eiweiß wie 1 kg Rindfleisch oder 7 Eier.

Propolis ist eine harzartige, Masse, die durch Erwärmen, z. B. das Reiben zwischen den Fingern geschmeidig wird und würzig-intensiv riecht. Die Bienen dichten damit Ritzen und kleinere Löcher des Bienenstockes ab und verkleinern das Einflugloch im Winter. Es dient außerdem zum Desinfizieren der Waben. Größere Eindringlinge werden mit Propolis überzogen und mumifizieren dadurch im Stock. Propolis wurde bereits von den Ägyptern verwendet und noch in den Weltkriegen wurde es zur Wundversorgung benutzt.

Junge Ammenbienen bilden in speziellen Drüsen einen energie- und eiweißreichen Futtersaft, das ***Gelée royal***, den sie an alle Larven verfüttern. Allerdings erhalten ihn die Larven der Arbeiterinnen und Drohnen nur in den ersten Tagen, danach ist er ausschließlich der Bienenkönigin vorbehalten (royal = königlich). In der alternativen Medizin wird Gelée royal zur allgemeinen Stärkung und für einige spezifische Leiden angewandt.

Das ***Bienenwachs*** war früher von größter Bedeutung zur Herstellung von Kerzen. Heutzutage kann es jedoch durch günstige und künstlich herzustellende Stoffe wie Stearin und Paraffin ersetzt werden. Mit dem in den Wachsdrüsen produzierten Wachs bauen die Honigbienen ihre sechseckigen Waben. Bienenwachs wird auch als natürliches Trennmittel verwendet, etwa um das Zusammenkleben von Fruchtgummis in der Verpackung zu verhindern. Auch Möbel und Parkettböden können mit Bienenwachs behandelt werden.

Gefährdung durch Bienenstiche

Gefährlich sind Bienenstiche nur bei Menschen, die gegen Bienengift allergisch sind – hier kann es zu einer Schockwirkung kommen (anaphylaktischer Schock). Vor Stichen im Mundbereich sollten sich alle besonders schützen, denn dort kann es durch Schwellungen zu Atemnot kommen. Bienenstiche sind für uns zwar schmerzhaft, aber die Dosierung des Giftes ist auf die natürlichen Feinde der Biene, z. B. andere Insekten ausgerichtet. Die Biene allerdings verliert dabei ihr Leben, denn ihr Stachel bleibt in unserer elastischen Haut hängen und der gesamte Stechapparat wird aus dem Hinterleib gerissen.

Ideen zur Vor- und Nachbereitung

Honigbar

Material

- verschiedene Honigsorten
- kleine Löffelchen
- etwas Brot

Vor dem Besuch beim Imker können die Kinder in der „Honigbar" einige Honigsorten kosten. Diese unterscheiden sich in ihrer Färbung, ihrer Konsistenz und ihrem Geschmack. Zur Neutralisierung wird zwischen den einzelnen Proben jeweils ein Stückchen Brot gekaut. Die Kinder erleben, dass auch die Geschmacksrichtung „süß" viele Nuancen hat: Tannen- oder Waldhonig schmeckt deutlich herber als beispielsweise Rapshonig.

Tipp
Vielleicht finden Sie Abbildungen der einzelnen Pflanzen, deren Nektar oder Honigtau von den Bienen zu der jeweiligen Honigsorte verarbeitet wurde.

Bienenweide

Wer mit den Kindern beim Imker war, wird sich auch mit der Frage auseinandersetzen, wie die Bienen bei ihrer Suche nach Nektar unterstützt werden können. Vielleicht gibt es eine Möglichkeit, im Freigelände der Einrichtung eine „Bienenweide" anzulegen. Hierzu eignen sich folgende Pflanzen:

Stauden und Zwiebelgewächse

Schneeglöckchen, Krokus, Leberblümchen, Lungenkraut, Bärlauch, Silberwurz, Steinkraut, Vergissmeinnicht, Maiglöckchen, Kugeldistel, Sonnenhut, Beinwell

Kräuter

Thymian, Lavendel, Ysop, Schnittlauch, Boretsch, Salbei, Zitronenmelisse, Minze

Einjährige Blumen

Cosmea, Malve, Phacelia (Bienenfreund), Tagetes, Kornblume, Sonnenblume, Gelbsenf, Ringelblumen

Wer das Gelände längerfristig umgestalten möchte, sollte auch bei der Wahl der Bäume und Sträucher auf deren Bedeutung für die Bienen achten.

Nisthilfen für Wildbienen

Die solitär lebenden Wildbienen legen ihre Eier in röhrenförmigen Löchern ab, die sie in der Natur vorfinden und verschließen diese mit Deckeln aus Wachs. Kinder können einfache Nisthilfen für die Wildbienen bauen und somit einen aktiven Beitrag zum Naturschutz leisten.

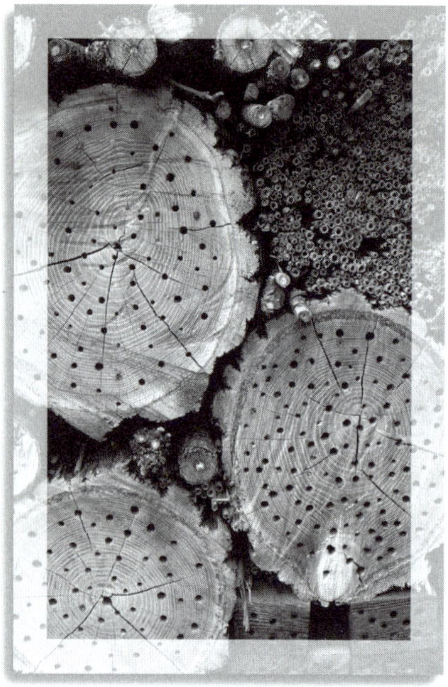

▶ Totholz

Material

- beliebige Stücke von abgelagertem (trockenem) Hartholz (möglichst nicht von Nadelbäumen)
- Handbohrer mit ca. 10 cm langen Bohrern (3, 4, 6, 8 und 10 mm Durchmesser)
- feines Schmirgelpapier
- Draht

In die Holzstücke viele Löcher bohren, dabei zwischen den einzelnen Bohrgängen Abstände von etwa 2 cm einhalten – sonst kann es leicht zu Rissen kommen. Das Sägemehl ausklopfen und die Oberfläche mit feinem Schmirgelpapier glätten. Das Holzstück mit einem Draht zur Aufhängung versehen.

▶ Hohle Pflanzenstängel

Material

- Bambusröhrchen und Schilfstängel
- Zweige von Sträuchern mit hohlen oder markhaltigen Zweigen (Holunder, Himbeere, Brombeere, Sommerflieder, Pfeifenstrauch oder Forsythie; hier eignet sich das Schnittgut im Herbst)
- Handbohrer in versch. Stärken, evtl. Stricknadel
- leere größere Konservenbüchse (Durchm. ca. 8 cm)
- Draht

Die Zweige in Stücke von etwa 15 cm Länge zuschneiden und trocknen lassen. Bei markhaltigen Zweigen das Mark vorsichtig mit einem Bohrer oder einer Stricknadel ausbohren. Bambusröhren haben den Vorteil, dass sie nicht weiter bearbeitet werden müssen.

Die Röhren werden möglichst dicht in die Dosen gesteckt. Dabei zeigen die Öffnungen alle in eine Richtung. Ein Kind hält die Zweige zusammen, das andere umwickelt das Bündel mit feinem Draht. Nun alles aus der Dose herausnehmen und mit dem anderen Ende ebenso verfahren. Mit einem Haken aus dickerem Draht versehen und aufhängen.

Variante

Kleinere Bündel aus Zweigen können auch in Lochziegel gesteckt werden. Wichtig ist, dass die Röhren nach der Aufstellung waagerecht gelagert sind.

▸ *Anbringung der Nisthilfen*

Bis Anfang März die Nisthilfen an einer sonnigen Stelle an einer Wand oder einem Pfosten so befestigen, dass sie nicht schlenkern. Die Nistgänge müssen waagerecht liegen und sollten weder von Ästen noch Blättern verdeckt sein. An Bäumen müssen die Nisthilfen also unterhalb der Baumkrone am Baumstamm befestigt werden.

Tipp

Um die Haltbarkeit der Nisthilfen zu erhöhen und um das Eindringen von Feuchtigkeit zu vermeiden (Gefahr für die Brut), können sie mit Dachpappe umkleidet werden.

Bienenschutz für Getränke

Material

- Strohhalme
- Tonkarton oder Moosgummi
- Schere

Um Bienen und andere Insekten durch süße Getränke nicht anzulocken, und diese vor allem beim Trinken nicht zu verschlucken, können einfache kleine Abdeckungen für Trinkgläser gebastelt werden.

Aus Moosgummi oder Tonkarton Kreise, Kleeblätter, Blüten oder auch Tiere schneiden, deren Flächen größer sind als die Öffnungen der verwendeten Trinkgefäße. In der Mitte der Figuren ein Loch in der Größe des Strohhalmes anbringen (diese Aufgabe übernimmt am besten ein Erwachsener). Den Trinkhalm einführen und den Bienenschutz auf das Glas legen. Wer mag, kann ihn auch noch bemalen und verzieren.

Moosgummi hat den Vorteil, dass es abwaschbar ist. So hält der Bienenschutz länger und ist mehrfach wiederverwendbar. Auf die Verwendung von wasserbeständigem Klebstoff achten!

Medientipps

Links zum Thema

http://www.deutscherimkerbund.de

- Seite des Deutschen Imkerbundes e. V., der (nach eigenen Angaben) die Bienenhaltung fördert, um durch die Bestäubungstätigkeit der Honigbiene an Wild- und Kulturpflanzen eine artenreiche Natur zu erhalten. Viele Imker sind Mitglied in diesem Verein. Über diesen können Sie Kontakte zu einzelnen Imkern aufnehmen.

http://www.imker-dietmannsried.de

- Ambitionierte und interessante Seite des Imkervereins Dietmannsried

http://www.die-honigmacher.de

- Informative und mit vielen Fotos ausgestattete Seite über Bienen, Honig, usw. der Landwirtschaftskammer Nordrhein-Westfalen

http://www.honighaeuschen.eu

- Imkerei und Schaubienenstand mit Führungen für Kinder (Drachenfels bei Bonn). Die Website bietet viele Informationen rund um Bienen und Honigherstellung

Weitere Informationen zum Nisthilfen-Bau finden Sie auf folgenden Webseiten:
http://www.nabu.de/m05/m05_06/00959.html
http://www.bienenhotel.de/

Bücher für Erwachsene

Sabine Latorre, Annerose Naber:
Das kreative Sachbuch Biene
Als-Verlag 2003
ISBN: 978-3-891-35131-4, EURO 8,20

- Eine umfassende Sammlung von Aktivitäten, Gedichten und zahlreichen Abbildungen rund um die Biene.

Bücher für Kinder

Paul Starosta
Meine große Tierbibliothek: Die Biene.
Esslinger Verlag J. F. Schreiber 2008
ISBN: 978-3-480-22407-4, EURO 9,95

- Viel Wissen über die Biene, mit meisterhaften Fotografien des Autors und Biologen.

Ali Mitgutsch:
Von der Blüte zum Honig
Boje Verlag 2007
ISBN: 978-3-414-82109-6, EURO 4,50

▶ Ein kleines, feines Bilderbuch in bekannter Ali-Mitgutsch-Manier, in dem anschaulich und kindgerecht die Entstehung des Honigs dargestellt wird.

Sophie Lebot, Pascale Hédelin:
Erlebe deine Welt: Alles über Bienen.
Von der Blüte bis zum Honig.
Esslinger Verlag J. F. Schreiber 2008
ISBN: 978-3-480-22335-0, EURO 9,95

▶ Dieses Sachbuch vermittelt Kindern das faszinierende Leben im Bienenstock.

Bei der Polizei

Spannend wie ein Krimi

Polizist ist der Traumberuf vieler Jungen im Kindergarten- und Grundschulalter. Aber wie sieht der Arbeitsplatz und der Arbeitsalltag eines Polizisten oder einer Polizistin denn genau aus? Ein Besuch auf dem Revier ist für Jungen und Mädchen gleichermaßen spannend – und kann auch dazu beitragen, die Scheu vor den „Menschen in Uniform" zu nehmen.

Lernchancen

Sozial-emotionale Kompetenzen

- Vertrauen zur Polizei entwickeln, evtl. Ängste abbauen
- erkennen, dass Regeln für das Zusammenleben notwendig sind

Sprache

- Fragen formulieren
- den Wortschatz erweitern

Natur, Lebenswelt und Technik

- einfache Methoden der Spurensicherung kennenlernen

Körper und Gesundheit

- genaues Beobachten fördert die Wahrnehmung

Ethik und Wertebildung

- ein Verständnis von „Gut und Böse", „Recht und Unrecht" entwickeln

Die Aktion

Ist die Gruppe in der Polizeistation angekommen, begrüßt ein Polizist die Kinder. Woran sie ihn erkennen? Na klar, an der Uniform! Und hier geht das Forschen und Fragen schon los …

Die Uniform

Bis vor einiger Zeit trugen alle Polizisten in Deutschland grüne Kleidung und auch die Fahrzeuge waren grün lackiert. Nun werden die grünen gegen blaue Uniformen ausgetauscht, weil auch in allen anderen Ländern Europas Blau die Farbe der Polizei ist.

Bei den deutschen Uniformen befindet sich auf den Hemd-Ärmeln das Wappen des jeweiligen Bundeslandes. Auf den Schulterklappen der Uniformjacke sind Sterne angebracht, die den ***Dienstgrad*** kennzeichnen. Manche Kinder können sie sicher schon abzählen, der Polizist kann dann erklären, was die Anzahl bedeutet. (Hinweis: Da die Polizei Sache der Länder ist, sind nur in manchen Bundesländern die neuen blauen Uniformen bereits eingeführt.)

Auf den Schirmmützen befindet sich der sog. Polizeistern, in dessen Mitte ebenfalls das ***Landeswappen*** prangt. Hier gibt es meistens ein leichteres Sommer- und ein gefüttertes Wintermodell. Vielleicht passt sie ja auch einem Kind? Je nach Interesse der Kinder können noch weitere Kleidungsstücke, die nicht so häufig im Einsatz sind, angeschaut und vielleicht sogar anprobiert werden, wie z. B. die Mäntel der Verkehrspolizei mit ihren reflektierenden Streifen oder Schutzhelme.

Und was braucht ein Polizist noch außer seiner Kleidung? Geht er auf Streife, hat er meistens noch einen Notizblock, einen Schlagstock, ein Funkgerät, Handschellen und ein Pfefferspray zur Abwehr dabei. Außerdem hat jeder Polizist einen ***Dienstausweis***, bzw. eine ***Dienstmarke*** (bei der Kriminalpolizei). So kann ein Polizist beweisen, dass er wirklich einer ist.

Faszinierend ist es für die Kinder, eine „kugelsichere Weste" anzuprobieren. Diese sind zwar zunehmend aus Materialien hergestellt, die nicht mehr „bleischwer" sind, verfügen aber doch über ein gewisses Eigengewicht. Weitere Geräte, die die Kinder interessieren, sind Metalldetektoren, mit denen sie metallische Gegenstände an den anderen aufspüren können, etwa die Notgroschen in der Hosentasche oder die Gürtelschnalle. Im Ernstfall dienen die Detektoren natürlich dazu, Waffen aufzufinden.

Die Polizeistation

Bei einem Rundgang durch die Polizeistation gibt es viel zu entdecken. Im Büro mit der ***Funkzentrale*** sitzt ein Beamter, der alle eingehenden Funksprüche und Anrufe entgegennimmt und seine Kolleginnen und Kollegen zu den einzelnen Einsatzpunkten schickt.

Auf einer Karte ist das Gebiet, für das die Polizeistation zuständig ist, aufgezeichnet. Farbige Nadeln markieren z. B. Punkte, an denen Unfälle stattgefunden haben. Wenn sich dort die Unfälle häufen, wird überlegt, was an der betreffenden Stelle verändert werden muss. Denn die Polizei ist nicht nur dafür zuständig, Schäden aufzunehmen und die Verursacher zu verfolgen und aufzugreifen, sondern auch dafür, Unfälle und Diebstähle zu vermeiden.

Besonders interessant ist es für die Kinder, wenn ein erzählfreudiger Polizeibeamter über seinen Berufsalltag oder auch einen besonderen Fall berichtet.

Dabei wird den Kindern einerseits deutlich, dass der Berufsalltag selten so spektakulär ist, wie es einen manche Detektiv- oder Polizeigeschichte glauben lässt. Auf der anderen Seite erfahren sie aber auch, wie vielfältig die Arbeit sein kann. Werden Polizisten zu einem ***Einsatz*** gerufen, wissen sie nie genau, was auf sie zukommt.

Ob sie mit ihren Kindern die Räume mit den Schließfächern für die Dienstwaffen und auch die verschiedenen ***Zellen*** besichtigen können, müssen Sie im Vorfeld klären. Überlegen Sie dabei, wie viel Sie den Kindern zumuten können und wollen.

Die Dienstfahrzeuge

Zu den Dienstfahrzeugen, gehören neben dem ***Streifenwagen*** z. B. auch das ***Polizeimotorrad*** oder der ***Gefangenenkraftwagen***. Wozu die einzelnen Fahrzeuge dienen, können die Kinder zunächst erraten. Der Polizist erklärt und zeigt weitere Details. Vielleicht dürfen sich die Kinder auch in einen Streifenwagen oder gar auf ein Motorrad setzen?

In den Fahrzeugen gibt es neben dem obligatorischen ***Funkgerät*** weitere spannende Geräte zu finden, wie z. B. die ***Polizeikelle***. Sie wird benötigt, um Autos zu stoppen, wenn die Geschwindigkeit überschritten wurde oder wenn die Fahrer auf Alkohol und Papiere kontrolliert werden sollen. Verschiedene ***Spurensicherungsgeräte***, ein Alkomat, Maßbänder, unterschiedliche Lampen. Klären Sie vorher ab, welche Geräte die Kinder ausprobieren oder in der Hand halten dürfen.

Fasziniert sind die Kinder von den Signalanlagen an den Polizeifahrzeugen. Schaltet ein Polizist Blaulicht und Martinshorn ein – was er nur in besonders dringenden Fällen tun darf – muss jeder Verkehrsteilnehmer dafür sorgen, dass das Polizeifahrzeug ungehindert fahren kann. Manche Fahrzeuge tragen auf dem Dach eine Lampe mit dem Schriftzug „HALT POLIZEI". Sie fordert Autofahrer auf anzuhalten, z. B. für eine Führerscheinkontrolle.
Eine Besonderheit bilden „mobile Blaulichter": Fahrzeuge von Zivilstreifen, die zunächst aussehen wie ganz normale Autos, können im Ernstfall mit einem Blaulicht ausgestattet werden. Dieses wird mit einem starken Magneten auf dem Autodach befestigt.

Die Polizeihunde

Besonders attraktiv ist die Vorführung eines Polizeihundes. Allerdings kann es sein, dass Sie hierzu das Übungsgelände der ***Diensthundestaffel*** aufsuchen müssen. Polizeihunde sind meist Schäferhunde, die bereits seit dem Welpenalter eine besondere Erziehung erhalten. Jedes Jahr legen die Polizeihunde eine ***Tauglichkeitsprüfung*** ab, bei der sie viele spezielle Aufgaben bewältigen müssen. Wenn ein Polizeihund zu alt für den Dienst ist, verbleibt er meist bei dem Polizisten, der ihn erzogen und mit dem er während seiner „Dienstzeit" ein Team gebildet hat.

Dass Polizeihunde verschiedene Funktionen erfüllen, kann eine Vorführung zeigen: Auf einem Parcours durch Röhren und über Bretterstege demonstrieren die Tiere, wie „geländegängig" sie sind. Mit ihrer feinen Nase stöbern sie versteckte Menschen oder bestimmte Stoffe, wie z. B. Sprengstoff oder Rauschgift auf. Selbst ein winziger Tropfen Benzin kann erschnuppert werden, wenn das Tier dessen ***Witterung*** aufgenommen hat. Wichtig ist natürlich, dass der Hund gelernt hat, seinen Fund nicht zu zerbeißen. Das würde ja sämtliche Beweisspuren verwischen, bzw. bei Menschen zu Verletzungen führen.

Vielleicht können die Kinder sogar miterleben, wie Polizeihunde lernen, durch brennende Reifen zu springen, um im Ernstfall bereit zu sein, im Feuer nach Menschen zu suchen. In bestimmten Situationen beißen die Hunde auch zu: Nämlich dann, wenn sie einen Verfolgten gestellt haben und dieser sich vom Knurren, Drohen und Bellen des Hundes nicht einschüchtern lässt und erneut zu flüchten versucht. Wenn dieses Verhalten eingeübt wird, tragen die Trainer natürlich dick gepolsterte ***Schutzkleidung***.

Viele Polizeihunde tragen übrigens bei ihrem Einsatz eine Art Schuhe. Sie sorgen dafür, dass die Pfoten beim Gang über Glasscherben nicht verletzt werden.

Tipps zur Planung

- Nehmen Sie frühzeitig Kontakt zur Polizeistation auf. Besprechen Sie, welche Möglichkeiten der Besichtigung sich bieten. Der Besuch einer Hundestaffel sollte als gesonderte Aktion stattfinden
- Klären Sie auch, ob es in der Nähe der Kita Polizeipferde, eine Hubschrauberstaffel oder einen Posten der Wasserpolizei gibt. Auch hier lohnen sich Besuche.
- Besprechen Sie mit dem für Ihren Besuch zuständigen Polizisten, wo und wann die Kinder selbst tätig werden können. Vielleicht können z. B. in der Polizeistation Fingerabdrücke genommen werden. Klären Sie auch, in welchem zeitlichen Rahmen diese Aktion stattfindet.

Hintergrundwissen

Struktur der Polizei

Die ***Bundespolizei*** untersteht dem Bundesministerium des Innern. Ihre Mitglieder sind bundesweit verfügbar und werden vor allem in den Bereichen Grenzschutz (auch in der Nord- und Ostsee), Bahnpolizei, Luftsicherheit und Schutz von Bundesorganen eingesetzt. Um die Verbrechensbekämpfung auf nationaler Ebene kümmert sich das ***Bundeskriminalamt***.

Da laut Grundgesetz die Polizeihoheit bei den Ländern liegt, gibt es entsprechend ***16*** verschiedene ***Landespolizeien***. Deren Dienstbezirke decken sich meistens räumlich mit Stadt- und Landkreisen. Überörtliche Einrichtungen sind hier die jeweiligen Landeskriminalämter, die Bereitschaftspolizei und polizeiinterne Ausbildungseinrichtungen (Hochschulen, Akademien).

Polizei-Alltag

Die Aufgaben der ***Schutzpolizei*** sind Gefahrenabwehr, Prävention und Aufrechterhaltung der öffentlichen Sicherheit. Schutzpolizisten sind häufig im Streifenwagen unterwegs: Manchmal mit einem konkreten Ziel, weil sie gerufen wurden. Manchmal fahren sie durch ihr Revier, um zu sehen, ob alles in Ordnung ist.

Sie werden bei Unfällen hinzugezogen, um die Unfallstelle abzusichern und den Unfall aufzunehmen. Sie können eine Fahndungsmeldung herausgeben, bei einem schwereren Verbrechen erste Beweise sichern und die entsprechenden ***Sondergruppen*** der Polizei hinzurufen.

Auch bei handgreiflichen Auseinandersetzungen wird die Polizei gerufen. Hier ist einfühlsames Handeln gefragt, um die Gesundheit der beteiligten Personen zu schützen. Jeder Polizeieinsatz wird dokumentiert und in ***Berichten*** festgehalten. Daher verbringen Polizisten auch viel Zeit am Schreibtisch.

Präventionsarbeit der Polizei

Immer mehr Kinder sind Opfer aber auch Täter krimineller Handlungen. Jüngere Kita-Kinder sind davon in der Regel noch nicht betroffen. Aber auch hier kann es bereits zu Ausgrenzungen Einzelner kommen oder zu Erpressungen und Übergriffen durch ältere Kinder oder Jugendliche.

Polizeiangehörige werden zunehmend geschult, um mit Kindern und Jugendlichen verschiedenste Themen zur ***Gewaltprävention*** zu behandeln. Dabei setzen alle Maßnahmen auf eine Stärkung der Persönlichkeit, auf die Notwendigkeit, seine Ablehnung klar zu formulieren („Nein heißt nein.") und auf Möglichkeiten der gewaltfreien Konfliktlösung.

Wichtig ist, dass die Kinder die Polizistinnen und Polizisten bei solchen Veranstaltungen als Vertrauenspersonen erleben, die sie in Konflikt- oder Notsituationen ansprechen können und dass ihnen die Scheu vor der Uniform genommen wird.

Notruf 110

Unter der Notrufnummer 110 ist in Deutschland bundesweit die Polizei zu erreichen. Dieser Notruf ist kostenfrei, kann von jedem Telefon oder Handy, auch wenn dieses über kein Guthaben mehr verfügt, getätigt werden. Auch von jeder öffentlichen Telefonzelle kann unter dieser Nummer kostenfrei die Polizei verständigt werden. Die Polizei kann bei jedem Notruf verfolgen, von wo aus er getätigt wurde.

Wichtig ist eine klare und verständliche Schilderung der Notfallsituation:
Wer ruft an? Wo ist etwas passiert? Was ist passiert? Gibt es Verletzte, wie viele? Brennt es?
Danach sollte der Anrufende auf eventuelle Rückfragen warten.
Ein Missbrauch dieser Notfallnummer wird schwer geahndet.

Fingerabdrücke

Fingerabdrücke dienen neben moderneren biometrischen Verfahren wie der Iriserkennung oder gar einer DNA-Analyse der Identifikation von Personen. Auch nach Verletzungen oder Verbrennungen bleibt das Muster erhalten, ebenso wie es sich mit den Lebensjahren nicht verändert.

Eigentlich brauchen wir die sogenannten „Minutien", die Rillen in der Haut der Fingerkuppen, um auch glatte Dinge rutschfest in der Hand zu halten. Ihre Struktur ist einzigartig, selbst bei eineiigen Zwillingen ist sie verschieden. Die auch für Laien recht gut erkennbaren Grundformen sind Schleifen, Bögen und Wirbel. Die Experten schauen vor allem auf Verzweigungen der Linien und deren Anfangs- und Endpunkte. Erst wenn zwölf Details der Fingerspuren am Tatort mit denen eines Verdächtigten übereinstimmen, kann dieser überführt werden.

Blaulicht und Martinshorn

Das Blaulicht ist eine „Rundumkennleuchte", die ihr Licht in einem Winkel von 360° abstrahlt. Das Signal der Polizei ist blau, damit es im Straßenverkehr nicht mit anderen Lichtsignalen verwechselt werden kann (Rot, Gelb und Grün finden ja bereits bei den Ampelanlagen Verwendung).

Das „Martinshorn" ist nach der „Deutschen Signal-Instrumenten-Fabrik Max B. Martin" benannt, die es 1932 in der in Zusammenarbeit mit Feuerwehr- und Polizeidienststellen entwickelte und von der es bis zum Zweiten Weltkrieg ausschließlich produziert wurde. Seine Tonfolge a' – d'' darf im privaten Gebrauch nicht als Signal verwendet werden.

Ideen zur Vor- und Nachbereitung

Der Notruf

Material

- Spielzeughandy und –telefon

Nehmen Sie den Besuch bei der Polizei zum Anlass, zumindest die Kinder ab 5 Jahren mit dem Notruf vertraut zu machen. Üben Sie mit ihnen, die Tastenfolge 110 zu drücken. Erklären Sie den Kindern, dass sie diese Nummer auf jedem Telefon oder Handy (ohne jede Vorwahl) wählen können. Machen Sie deutlich, dass sie diese Nummer nie zum Spaß wählen dürfen (ein echter Notruf könnte dadurch blockiert werden). Üben Sie mit den Kindern, was sie in bestimmten Situationen sagen könnten.

Tipp

Überlegen Sie mit den Kindern, in welchen Situationen es sinnvoll ist, die Polizei zu verständigen. Die Kinder können diese in Bildern dokumentieren und so ein „Notfall-Plakat" gestalten.

Tatü-Tata – Bahn frei für die Polizei!

Material

- Straßenmalkreide
- evtl. ein Erkennungs-Accessoire für das „Polizeiauto"

Probieren Sie mit den Kindern aus, wie sich ein Polizeiauto seinen Weg durch eine befahrene Straße bahnen kann: Zeichnen Sie mit Kreide einen Straßenverlauf mit den einzelnen Fahrspuren auf. Einige Kinder sind Autos, einige sind Fußgänger, die beispielsweise einen Zebrastreifen überqueren wollen. Wenn „der Verkehr" läuft, spielt ein Kind einen Polizeiwagen, der möglichst schnell zu seinem Einsatzort kommen muss. Überlegen Sie mit den Kindern und probieren Sie aus, wie sich jeder einzelne am besten verhält, um die Durchfahrt zu erleichtern. Natürlich kann auch noch die Zeit gestoppt werden, die das „Einsatzfahrzeug" für eine bestimmte Strecke braucht.

Anhaltekelle

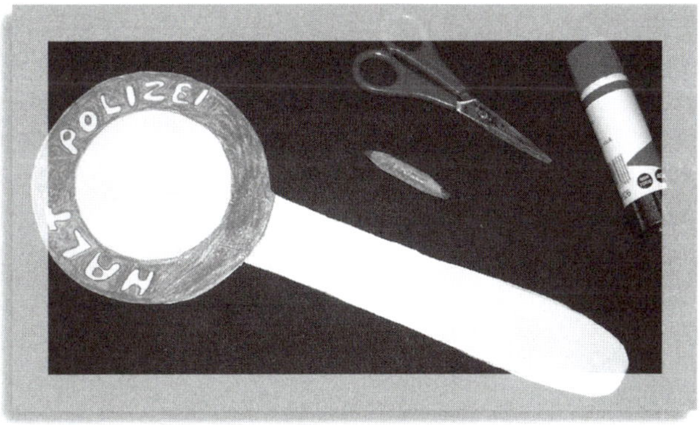

Material

- weiße Pappe
- dicke Stifte
- Transparentpapier in Rot

Aus Pappe lässt sich leicht eine Anhaltekelle basteln: Die Kinder schneiden zwei Mal die gleiche Form aus. In den Kreisausschnitt kleben sie rotes Transparentpapier, der Rahmen wird mit dem Schriftzug „HALT POLIZEI" versehen (die Größeren können diesen evtl. von einer Vorlage abschreiben). Die Anhaltekelle ist ein wichtiges Accessoire für Rollenspiele.

Tipp

Vielleicht haben die Kinder noch andere Ideen, wie sie Geräte, die sie bei ihrem Besuch bei der Polizei gesehen haben, bauen können.

Mein Fingerabdruck

Material

- Stempelkissen
- Papier
- Lupe
- Lappen zum Abwischen der Finger

Jeder Mensch verfügt über einen einzigartigen Fingerabdruck. Mit Hilfe eines Stempelkissens kann jedes Kind seinen Fingerabdruck aufnehmen. Hierzu können alle Finger oder auch nur der Daumen oder Zeigefinger abgebildet werden. Um zu erkennen, ob es sich eher um Schleifen, Bögen oder Wirbel handelt (das sind die „Grundmuster" der feinen Linien), muss das ganze erste Fingerglied bis zum Gelenk abgedruckt werden. Die Kinder können die Abdrucke vergleichen, Gemeinsamkeiten oder Unterschiede erkennen: Zeigen alle Finger einer Hand ähnliche Muster?

- ▶ Wenn einige Kinder ihren Daumenabdruck zweimal auf verschiedene Kärtchen drucken, entsteht eine Art „Fingerabdruck-Memory", bei dem detektivischer Spürsinn gefragt ist.
- ▶ Der Fingerabdruck kann auch Teil eines Ausweises sein, den die Kinder gestalten. Weitere Angaben könnten (je nach Alter) Name, Augenfarbe, Adresse sein. Vielleicht entwickeln Sie mit den Kindern einen „Gruppenausweis"?

Spurensicherung 1 – Schuhabdrücke

Material

- Gips
- Pappstreifen
- Wasser
- 1 leere Konservendose zum Anrühren des Gipspulvers

Vor der Kita sind tiefe Spuren in der feuchten Erde gefunden worden. Die Länge des Schuhabdruckes gibt immerhin einen Anhaltspunkt, ob es sich eher um ein Kind oder einen Erwachsenen handelt. Aber kann man das genauer feststellen?

Ein Gipsmodell gibt da Aufschluss. Drücken Sie um den Abdruck herum einen Rahmen aus Pappstreifen in die Erde. Er bildet den Rand für die Gipsmasse, sollte etwas davon überlaufen. Nun rühren Sie in einem Gefäß Gips an. Ein Kind kann die Spur mit

Gips ausgießen. Am nächsten Tag ist der Gips ausgehärtet und die Abdrücke können als „Negative" heraus gelöst werden. Nun müssen sie mit den in Frage kommenden Schuhen verglichen werden. Ob der „Täter" so überführt werden kann?

Tipp

Natürlich können Sie auch mit Autoreifen, Fahrradreifen oder anderen Gegenständen Spuren in die Erde oder in angefeuchteten Sand drücken und diese ausgießen. Faszinierend ist es für die Kinder zu beobachten, dass bei den Gipsformen die Tiefen der Spur zu Höhen im Gipsabdruck werden und umgekehrt (positive und negative Abdrücke).

Spurensicherung 2 – Fingerabdrücke

Material

- Glas oder Glasplatte
- Klebestreifen
- Graphitpulver und Pinsel

Wie kann man feststellen, wer einen Gegenstand in der Hand hatte? Die Spurensicherung arbeitet mit Graphitpulver. Wie das genau geht, kann man auf einer Glasplatte selbst ausprobieren.

Wichtig ist, dass die Fläche, von der ein Fingerabdruck abgenommen werden soll, frei von anderen Spuren ist. Dafür reinigen Sie sie zuvor gründlich und reiben sie mit einem trockenen Tuch ab. Nun drückt ein Kind einen Finger auf die Glasfläche. Dabei ist es wichtig, dass die Finger warm sind. Denn vor allem beim Schwitzen sondert die Haut Stoffe ab, die beim Berühren auf Gegenständen haften bleiben.

Jetzt wird wenig Graphitpulver mit einem Haarpinsel aufgenommen und über den Abdruck gestäubt. Dabei darf nicht gerieben, nur sanft aufgetupft werden, sonst verschmieren alle Linien. Das Graphitpulver wird dann von der Glasplatte auf die Unterlage aus Zeitungspapier geklopft und wieder in das ursprüngliche Gefäß überführt. Das Pulver bleibt auf den Abdrücken der Fingerlinien haften. Wenn wir nun ein Stück Klebefilm auf die Stelle mit dem Graphitpulver kleben, wieder vorsichtig abziehen und auf ein Blatt Papier kleben, sind die Spuren zu sehen und können mit den Stempelabdrücken verglichen werden.

Hinweis
Diese Methode ist nicht einfach. Sie können Sie für alle Kinder demonstrieren. Größere Kinder können sie auch selbst durchführen, brauchen jedoch Hilfe durch einen Erwachsenen.

Detektivspiele

Wer detektivisch tätig werden möchte, muss über eine ausgezeichnete Wahrnehmung und ein gutes Erinnerungsvermögen verfügen. Hierzu einige Spielvorschläge:

▸ Schau genau!

Legen Sie auf ein Tablett etwa 10 verschiedene Gegenstände. Die Kinder dürfen diese zwei Minuten lang anschauen, dann decken Sie ein Tuch darüber und entfernen einen Gegenstand, dabei schließen die Kinder am besten die Augen. Nun lüften Sie das Tuch. Wer erkennt, welcher Gegenstand weggenommen wurde?

Variante
Größere Kinder versuchen nach dem Zudecken der Gegenstände, möglichst alle Dinge zu notieren, die sie gesehen hatten. Für kleinere Kinder können Sie auch ein Blatt mit skizzierten Gegenständen ausgeben und die Kinder auffordern, die Dinge anzukreuzen, die sie gesehen haben.

▸ Was hat sich verändert?

Die Kinder sitzen im Kreis und schauen einander genau an. Ein Kind verlässt den Raum. Nun wird eines aus dem Kreis ausgewählt, das eine kleine äußerliche Veränderung an sich vornimmt (die anderen dürfen dazu Vorschläge machen) – z. B. wird ein Kleidungsstück ausgetauscht, die vorher offenen Haare zu einem Zopf gebunden, der rechte und der linke Schuh vertauscht. Nun kommt das erste Kind wieder zur Gruppe und muss herausfinden, was verändert wurde.

Variante
Entweder wird das Rätsel nur durch genaues Hinschauen gelöst oder das Detektiv-Kind stellt Fragen, die mit ja oder nein beantwortet werden können: Wurde eine Frisur verändert? Wurde ein Kleidungsstück vertauscht? Schwieriger wird es, wenn an mehreren Kindern etwas verändert wird.

▸ **Achtung Kobolde!**

Sie verändern ein paar Dinge im Gruppenraum, beispielsweise drehen Sie ein Bild an der Wand auf die Rückseite oder stellen Gegenstände an völlig neue Orte. Mal sehen, wer alle Veränderungen aufspürt. Natürlich macht es auch den Kindern Spaß, wie kleine Kobolde „Unordnung" zu stiften. Allerdings sollten dann klare Regeln vorgegeben werden, in welchem Rahmen Veränderungen vorgenommen werden dürfen (nur solche, die auch wieder rückgängig gemacht werden können).

Tipp
Sie können diese Spielvarianten auch wie eine Art „Prüfung" aufbauen. Wer alle Stationen erfolgreich durchlaufen hat – dies wird auf einer „Laufkarte" dokumentiert – erhält einen „Polizei-Ausweis".

Recht und Unrecht – Was ist Gerechtigkeit?

Der Besuch bei der Polizei kann bei älteren Kindern Fragen aufwerfen, z. B.:

- Was geschieht mit jemandem, der ein Verbrechen begangen hat?
- Ist einer, der ins Gefängnis musste, nach diesem Aufenthalt ein „besserer Mensch", der nicht mehr straffällig wird?
- Können auch Kinder ins Gefängnis kommen?
- Warum werden manche Delikte mit Geldstrafen, andere mit Gefängnis geahndet?
- Wer entscheidet eigentlich, was „richtig" und „falsch" ist?
- …

Die Fragen der Kinder können nur zum Teil sachlich beantwortet und durch Fakten belegt werden. Viele sind philosophische Fragestellungen, die nach einem offenen Gespräch verlangen.

Medientipps

Links zum Thema

http://www.polizei-beratung.de

- Programm Polizeiliche Kriminalprävention der Länder und des Bundes
  Broschüren und Bücher über die Arbeit der Polizei und zur Gewaltprävention

http://www.kids.polizei-beratung.de/

- Sicherheitstipps, Nettiquette, Clickys Welt

In verschiedenen Bundesländern gibt es Internetseiten der Polizei speziell für Kinder und Jugendliche, beispielsweise:
http://www.leo-locki.de (Schleswig-Holstein)
http://www.poli-pap.de (Thüringen)
http://www.gib-acht-im-verkehr.de/kinder (Baden-Württemberg)
http://www.time4teen.de (Baden-Württemberg)
http://www.kinderwache.de (Brandenburg; Seite mit virtuellem Rundgang durchs Polizeirevier)

Bücher und weitere Medien für Kinder

Rainer Bielfeldt, Otto Senn
Was hör ich da? Bei der Polizei (Audio CD)
Der Hörverlag 2008
ISBN: 978-3867172882, EURO 9,95

- Die Geschwister Lena und Anton begleiten einen Polizisten einen Tag lang bei seiner Arbeit. Ein spannendes Hörspiel!

Daniela Dietz, Christine Bietz
Bei der Polizei
Aus der Reihe: Der Kinder Brockhaus. Mein erstes Wissen
Brockhaus Verlag 2007
ISBN: 978-3765317873, EURO 9,95

- In den vier Kapiteln „Polizeiwache", „Auf Streife", „Verbrecherjagd" und „Spezielle Einsätze" erfahren auch kleine Kinder viel Wissenswertes über die Polizei.

Andrea Erne, Wolfgang Metzger
Alles über die Polizei
Aus der Reihe: Wieso? Weshalb? Warum?
Ravensburger Buchverlag 2008
ISBN: 978-3473327966, EURO 12,95

▶ Antworten auf viele Fragen zum Berufsbild der Polizei liefert dieses Buch, das vom Autorenteam in Zusammenarbeit mit der Polizei entwickelt wurde. Mit dabei: ein Poster mit Einsatzfahrzeugen der Polizei.

Carsten Tergast
Achtung, Achtung! Hier spricht die Polizei!
Aus der Reihe: Willi will's wissen
Baumhaus Medien 2006
ISBN: 978-3833927089, EURO 9,90 (auch als Audio CD erhältlich)

▶ Willi aus der ARD-Sendung „Willi will's wissen" besucht die Polizei und berichtet mit vielen Fotos aus dem Berufsalltag. Leider tragen die Polizisten in diesem informativen Buch noch grüne Kleidung.

Besuch beim Apfelbauern

Von der Frucht zum Saft mit allen Sinnen

Apfelsaft und Apfelschorle gehören zu den Lieblingsgetränken vieler Kinder. Aber wie wird der harte Apfel zum flüssigen Saft? Welche Geräte und Arbeitsschritte sind notwendig? Ein Besuch beim Apfelbauern gibt Antworten und ermöglicht eine Naturbegegnung mit allen Sinnen.

Lernchancen

▸ *Sozial-emotionale Kompetenzen*

- sich gegenseitig helfen
- eine Aufgabe gemeinsam bewältigen

▸ *Sprache*

- den Wortschatz erweitern

▸ *Natur, Lebenswelt und Technik*

- den Lebensraum Streuobstwiese erforschen
- entdecken, wie ein Apfel aufgebaut ist
- verschiedene Apfelsorten unterscheiden und benennen
- jahreszeitliche Veränderungen beobachten: Knospe – Blüte – Frucht
- Arbeitsschritte planen und koordinieren: Vom Apfel zum Saft
- beim Reiben und Pressen einfache physikalische Zusammenhänge erkennen

▶ *Körper und Gesundheit*

- die Sinne schärfen: Apfelsorten am Geschmack unterscheiden
- Äpfel als gesunde Zwischenmahlzeit entdecken
- Grob- und Feinmotorik trainieren: Apfelernte, Früchte zerkleinern, die Presse bedienen …

▶ *Ethik und Wertebildung*

- die Natur als kostbares Gut erkennen (Umwelt- und Naturschutz)
- bewusster Umgang mit den „Gaben" der Natur

Die Aktion

Zunächst gilt es einen Bauern oder einen Kleingärtner zu finden, der über einige Apfelbäume verfügt. Am schönsten sind Streuobstwiesen, die in der Regel wenig mit Pestiziden und Insektiziden behandelt werden und mit ihrer Artenvielfalt zu weiteren Beobachtungen einladen. Vielleicht gibt es in Ihrer Nähe auch einen Bio-Bauern, den Sie besuchen können.

Besuche im Jahreslauf

Besuchen Sie den Apfelbauern nach Möglichkeit mehrmals im Laufe des Jahres. So können die Kinder erleben, wie nach dem Baumschnitt im späten Herbst und den winterlich kahlen Ästen (mit kleinen Knospen für das nächste Jahr) im Frühjahr die Blüten und Blätter sprießen. Aus den Blüten des Baumes entstehen die ersten Fruchtansätze (entspricht die Zahl der Früchte der Zahl der Blüten?). Die kleinen Äpfelchen wachsen und verändern sich in Form, Färbung und Größe. Die Kinder lernen, dass bereits vor der Ernte Arbeiten erledigt werden müssen: Baumschnitt, evtl. Bewässerung.

Tipp

Zur Vorbereitung auf das Ernten und Keltern können Sie mit den Kindern in der Kita das Experiment „Wie kommt der Saft aus dem Apfel?" (S. 62) durchführen.

Die Ernte

Im Herbst ist es dann so weit: Die Kinder dürfen als Erntehelfer aktiv werden. Die reifen Äpfel werden vorsichtig durch leichtes Drehen vom Baum gelöst. Werden die Äpfel nicht direkt verarbeitet, müssen sie vorsichtig behandelt werden, damit sie keine Verletzungen oder Dellen bekommen. Wenn die Pressung bald danach erfolgt, können die Bäume auch geschüttelt und die Äpfel vom Boden aufgelesen werden. Einige Äpfel können mit Hilfe von einfachen Pflückgeräten geerntet werden. Schadhafte Früchte werden aussortiert.

Für diese Arbeit werden viele Wannen, Körbe und Obstkisten benötigt, in denen die Ernte verstaut werden kann. Vielleicht können Sie die gesammelten Äpfel wiegen und überlegen, wie viele Kinder diesem Gewicht entsprechen? Wenn es das Wetter und die örtlichen Gegebenheiten zulassen, ist es schön, nach getaner Arbeit ein kleines Picknick zu veranstalten. In jedem Fall sollten alle Kinder Vesper und etwas zu trinken dabei haben, auch Sitzgelegenheiten (Isomatten) sind sinnvoll.

Das Keltern

Je nach Alter und Konstitution der Kinder kann sich das Keltern der Äpfel direkt an die Ernte anschließen oder am nächsten Tag stattfinden. Hierfür werden die Äpfel in Kunststoffkisten oder -wannen mit Wasser saubergerubbelt. Vor dem Pressen müssen die Äpfel zerkleinert werden. Entweder geschieht dies maschinell mit einem „Muser" oder mit Brettchen und Messern (es bietet sich an, die jüngeren Kinder mit dem Waschen und die älteren mit dem Zerkleinern zu beauftragen).

Jetzt wird es spannend: Die klein geschnittenen Äpfel werden in ein Tuch oder einen Stoffsack gefüllt und in den Korb der Presse gelegt. Je nach Mechanismus der Presse wird nun über eine Hydraulik oder per Hand die Druckfläche auf die Fruchtmasse gesenkt und der Saft herausgepresst. Manuell betriebene Pressen sind im privaten Gebrauch häufiger. Hier können die Kinder erleben, wie viel Kraft zur Saftgewinnung aufgebracht werden muss. Der Saft fließt über eine Rinne ab und wird in einem Gefäß aufgefangen. Der Apfelsaft ist naturtrüb und fertig zum Verkosten. Noch nie hat er so lecker geschmeckt!

Nach dem Auspressen bleibt der trockene ***Trester*** („Fruchtkuchen"), bestehend aus Schalen und Kernen übrig, der als Kompost wieder im Apfelgarten ausgebracht oder an Nutztiere verfüttert werden kann. So finden alle Teile des Apfels Verwendung.
Je nach Saftmenge und den örtlichen Gegebenheiten kann der Saft nun ***gefiltert*** und ***zentrifugiert*** werden (so entsteht klarer Apfelsaft.). Bei größeren Mengen empfiehlt es sich, den Saft für die Vorratshaltung zu ***sterilisieren*** und auf Flaschen zu ziehen.

Wenn Sie keinen Apfelbauern finden, der über eine eigene Saftpresse verfügt, hier zwei Alternativen:

- In manchen Mostereien können Sie im Rahmen eines „Lohnmostgeschäftes" die zuvor von den Kindern geernteten Äpfel abgeben und im Gegenzug eine entsprechende Menge Apfelsaft erhalten. Hier besteht evtl. die Möglichkeit, die Mosterei zu besichtigen.
- Handpressen können bei Heimatvereinen, Gartenbauvereinen oder auch in Spielwerkstätten u. Ä. geliehen werden. So kann nach der Ernte der Saft in der Kita gepresst werden.

Tipps zur Planung

- Klären Sie mit dem Bauern, welche Gerätschaften vorhanden sind und welche mitgebracht werden müssen.
- Beziehen Sie ggf. die Eltern in die Aktion ein (Picknick, Hilfe beim Zerkleinern der Äpfel).
- Achten Sie auf angemessene Kleidung der Kinder: lange Hosen, feste Schuhe mit gutem Profil, Sonnen- oder Regenschutz.
- Klären Sie im Vorfeld, welche Allergien bestehen und ob sich das Gelände in einem Zeckenrisikogebiet befindet.
- Halten Sie in einem Faltkanister Wasser zum Händewaschen, sowie Handtücher bereit.

- Diese Aktion eignet sich auch als integrative Unternehmung, sowohl mit behinderten Kindern als auch mit älteren Menschen.

Hintergrundwissen

Der Apfel

Die Heimat des Apfels (malus domestica) liegt vermutlich in Asien. Hier existieren Wildarten, von denen die uns heute bekannten Apfelsorten abstammen. Die Blätter des Apfelbaumes sind eiförmig bis rundlich, der Rand ist gesägt. Bei jüngeren Blättern sind beide Seiten behaart, bei älteren nur die Unterseite. Der Apfelbaum gehört zur Familie der Rosengewächse, daher hat jede Apfelblüte 5 Blütenblätter. Die Früchte sind über den Stängel mit dem Baum verbunden. An der Unterseite des Apfels befindet sich der vertrocknete Rest der ***Blütenkelchblätter***.

Im Fruchtfleisch des Apfels liegt das ***Kerngehäuse***. Es besteht aus fünf ***Samenkammern***, in denen sich die Apfelkerne (max. 2 Kerne pro Kammer) befinden. Die Apfelkerne enthalten Blausäure in geringer Konzentration, sind essbar aber nicht sehr schmackhaft – aus ihnen kann ein neuer Apfelbaum entstehen. Die Apfelschale variiert in Farbe, Konsistenz und Oberflächenbeschaffenheit je nach Apfelsorte. Der Apfel ist in Europa die bedeutendste Obstsorte, was auch mit der guten Lagerfähigkeit einiger Sorten zusammenhängt. Manche Sorten erlangen die sog. „Genussreife" erst nach einigen Monaten Lagerung.

Äpfel bestehen etwa zu 85 % aus Wasser, enthalten wenig Eiweiß und Fett dafür viele Vitamine, außerdem Mineralien und Spurenelemente: Vitamin C (je nach Sorte 5 bis 35 mg), Vitamin E, Vitamin B, Vitamin A, Phosphor, Calcium, Magnesium und Eisen. Viele Vitamine stecken in der Schale des Apfels oder knapp darunter, daher sollte diese möglichst mitverzehrt werden. *„An apple a day keeps the doctor away"* ist also kein leerer Spruch – in einem Apfel stecken tatsächlich viele gesundheitsfördernde Stoffe.

Warenkunde Saft

2007 lag laut VdF (Verband der Deutschen Fruchtsaftindustrie) der pro Kopf-Verbrauch von Apfelsaft, dem beliebtesten Saft in Deutschland, bei 11,4 l. Im Bundesgebiet produzieren etwa 425 Firmen rund 4,23 Milliarden Liter Fruchtsaft, Fruchtnektar und Fruchtsaftgetränke im Jahr (diese Menge würde einen würfelförmigen Behälter mit einer Kantenlänge von 140 m ausfüllen). Dabei verarbeiten sie eine Obstmenge von etwa 800.000 Tonnen, was etwa dem Gewicht von 800 PKW entspricht.

Fruchtsaft ist zu 100 Prozent „flüssiges Obst" ohne jegliche Zusätze. Fruchtsaft ist als Direktsaft oder als Saft aus Konzentrat erhältlich. Der Fruchtgehalt von ***Fruchtsaftschorlen*** liegt mindestens bei 50 Prozent. Bei ***Fruchtnektaren*** liegt der vorgeschriebene Mindestfruchtgehalt zwischen 25 und 50 Prozent. Ihnen wird Wasser und Zucker oder Süßstoff zugesetzt. Der Fruchtgehalt von ***Fruchtsaftgetränken*** mit und ohne Kohlensäure liegt zwischen 6 und 30 Prozent. Dazu kommen Trinkwasser oder Mineralwasser, natürliche Fruchtaromen und Zucker oder Süßstoff.

Vom Apfel zum Saft

Je nach Witterungsverhältnissen beginnt die Apfelernte in den Monaten August oder September. Die Äpfel werden direkt an die Obst verarbeitenden Betriebe geliefert. Sie werden einer Qualitätsprüfung unterzogen, gewaschen und verlesen, d.h. die schadhaften Früchte werden aussortiert. In der Regel sind die Saftpressen vom Erntebeginn bis in den Dezember hinein in Betrieb.

In der Mühle werden die Äpfel zu ***Maische*** gemahlen. Dieser Fruchtbrei wird in die Presse gefüllt. Bei der Packpresse, die meistens bei kleineren Erzeugern genutzt wird, wird die Maische in Tücher gepackt, in den Behälter der Presse geschichtet und durch eine höhenverstellbare Druckfläche entsaftet. Diese Druckfläche wird entweder durch eine Hydraulik oder von Hand über ein Gewinde bewegt.

Um einen Liter Apfelsaft zu gewinnen, werden etwa 1,5 kg Äpfel benötigt.
Zurück bleibt der sogenannte Trester (Kerne, Fruchtfleisch, Stiele), der entweder als Tierfutter, als Brennstoff, zum Gewinnen von Branntwein oder von ***Pektin*** (Geliermittel) genutzt wird. Pro kg Äpfel entstehen etwa 300 g Trester.

Der naturtrübe Apfelsaft kann zentrifugiert und gefiltert werden und wird so zum klaren Apfelsaft. Haltbar wird der Saft durch ***Pasteurisierung***. Hierbei wird er kurzfristig auf über 80° C erhitzt, um Keime und Bakterien abzutöten. Vitamine und andere wichtige Nährstoffe werden dabei nicht zerstört.

Ideen zur Vor- und Nachbereitung

Wie kommt der Saft aus dem Apfel?

Material

- Äpfel
- Obstmesser und Schneidebrettchen
- Haushaltsreiben
- ein großes Stück Baumwollnessel oder Leintuch
- einige Schüsseln
- eine Flasche Apfelsaft

Stellen Sie eine Flasche Apfelsaft und eine Schale mit Äpfeln in die Mitte des Sitzkreises. Warten Sie die Kommentare der Kinder ab. Schnell wird der Zusammenhang zwischen dem Inhalt der Flasche und dem Obst hergestellt sein. Aber wie kann man aus diesen doch recht festen Früchten Saft gewinnen? Eine Zitronenpresse werden die meisten Kinder kennen. Aber die Zitrone ist eine weiche Frucht, sie lässt sich auf diesem Weg leicht entsaften. Äpfel dagegen müssen vor dem Pressen zerkleinert werden: Je nach Geschicklichkeit der Kinder schneiden sie die Äpfel klein oder reiben diese zu Brei. Die Fruchtmasse wird in ein Tuch gefüllt, zu einem Beutel zusammengefasst und wie beim Auswringen von Wäsche über einer Schüssel ausgepresst. Mal sehen, wie viel Saft auf diesem Weg aus 1 kg Äpfeln entsteht.

Das ist mein Lieblingsapfel!

Material

- verschiedene Apfelsorten
- Messerchen und Schälchen

Schneiden Sie Äpfel verschiedener Sorten in Stücke und füllen Sie diese sortenweise in Schälchen. Beschriften Sie die Schälchen und stellen Sie hinter jedes einen ganzen Apfel der betreffenden Sorte.

Nun können die Kinder die Äpfel vergleichen:

- ▶ Welche Färbung hat die Schale? Wie fühlt sie sich an?
- ▶ Wie ist die Konsistenz des Fruchtfleisches? Ist es hart oder weich, krümelig-mehlig oder saftig?
- ▶ Welcher Apfel ist am saftigsten?
- ▶ Wie verhalten sich die Schnittflächen der Apfelstücke? Welcher Apfel wird am schnellsten braun? (Zur Erklärung: Die Äpfel mit dem höchsten Gehalt an Vitamin C bräunen weniger schnell, da Vitamin C die Oxidation hemmt.)
- ▶ Welcher Apfel schmeckt am besten? Wie schmeckt er?
- ▶ Verändert sich der Geschmack, wenn der Apfel länger gekaut wird?

Variante
Bieten Sie eine Apfelsorte doppelt an. Wer findet durch eine Geschmacksprobe heraus, welche Apfelschnitze gleich schmecken? Hier müssen Sie natürlich die Bezeichnung der Apfelsorte entfernen.

Das Innenleben eines Apfels

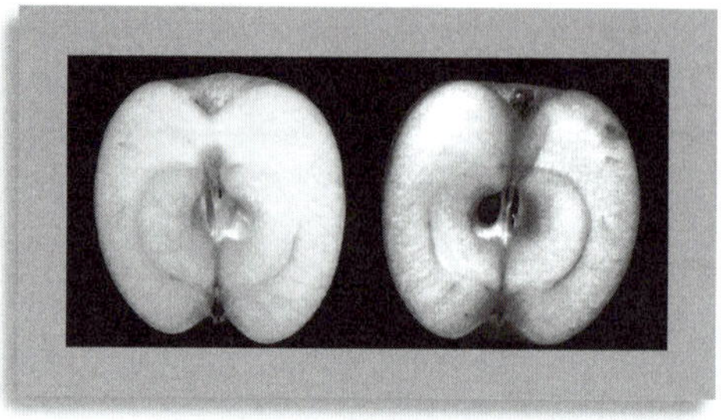

Material

- Äpfel (1 pro Kind)
- Schneidebrett und Obstmesserchen (jeweils eines für 2 Kinder)
- Papier und Stifte

Jeweils zwei Kinder erhalten zwei Äpfel. Ein Apfel wird quer, der andere längs aufgeschnitten. Die Kinder beschreiben ihre Beobachtungen und zeichnen sie auf. Beim Querschnitt sind die fünf Kammern, in denen die Kerne liegen, gut zu sehen. Sie sind sternförmig angeordnet. Im Längsschnitt ist die Größe der Kammern zu erkennen und die Kinder können die Kerne leicht herauslösen. Wer mag und kann, zählt die im Kerngehäuse gefundenen Apfelkerne.

Tipp

Im Frühjahr können die Kinder versuchen, aus den Apfelkernen kleine Pflänzchen zu ziehen. Das gelingt nicht immer, ist aber ein spannendes Projekt und verdeutlicht die Raffinesse der Natur. Die Kerne sind im wohlschmeckenden Fruchtfleisch geschützt und versteckt. Lebewesen wie Tier und Mensch nehmen die Frucht als Nahrung auf, scheiden die Samen aus und tragen so zur Verbreitung der Pflanze bei.

Das Apfelbuch

In einem persönlichen Apfelbuch halten die Kinder ihre Aufzeichnungen fest: eine Skizze des Apfelinneren; eine Zeichnung der Lieblingsapfelsorte; Bilder vom Apfelbaum in den verschiedenen Jahreszeiten; Frottagen („Rubbelbilder") der Rinde und eines Blattes; eine gepresste Apfelbaumblüte; Bilder von Tieren und Pflanzen, die im Apfelgarten gesehen wurden. Wer mag, kann den Umschlag und die Seiten in Apfelform ausschneiden und/oder das Buch in Form eines Leporellos gestalten.

Allerlei zum Thema „Apfel"

▸ Apfelrezepte

Äpfel können nicht nur zu Saft sondern auch zu Kuchen, Auflauf, Apfelringen, Apfeltee und vielem mehr verarbeitet werden. Einige Rezeptideen finden Sie hier: *http://www.chefkoch.de/rs/s0/apfel/Rezepte.html*

▸ *Apfel-Lied*

„In meinem kleinen Apfel" von W. A. Mozart beschreibt sehr bildhaft das Apfelinnere mit seinen Kammern. Text und Melodie finden Sie z. B. unter:
http://ingeb.org/Lieder/inmeinem.html

▸ *Apfelolympiade*

- Beim „Apfelfüttern" hängt ein Apfelring an einem Stock mit Schnur und will vom Partner geknabbert werden.
- Wer kann einen Apfel auf dem Kopf balancieren?
- Wer kann schätzen, wie viele Apfelkerne sich in einem Gläschen befinden?
- Wer kann die längste „Apfelschlange" mit dem Schälmesser abschälen?

▸ *Apfelgeschichte*

Das Volksmärchen „Hänschen Apfelkern" erzählt von einem Jungen, der für sein Leben gern Äpfel isst, die Apfelkerne sammelt und sich, dem Kindesalter entwachsen, auf den Weg in die weite Welt macht. Unterwegs sät er immer wieder Kerne aus seinem Sack aus. Auf der Heimreise kommt er an all diesen Stellen wieder vorbei und sieht die über die Jahre gewachsenen Bäumchen, die zum Teil schon Früchte tragen. Ein sehr vielschichtiges Märchen über Äpfel, das Abschiednehmen und das Größerwerden.
Sie finden den Text als Download unter:
http://www.waldorfkindergarten-aschaffenburg.de/downloads/Levana_15_03_2002_Herbst.pdf

oder als Buch (siehe Medientipps, S. 67).

▸ *Apfel-Kunst*

Der Apfel dient auch als Motiv in der Bildenden Kunst. René Magritte stellte bei einigen seiner Werke einen grasgrünen Apfel in surreale Zusammenhänge („Die schönen Realien"/ „Das Zimmer des Lauschens"/ „Der verheiratete Priester"). Giuseppe Arcimboldo schuf Gemälde von Gesichtern aus allerlei Früchten.

Medientipps

Links zum Thema

http://www.dge.de
http://www.dge-medienservice.de

▶ Deutsche Gesellschaft für Ernährung e.V. (DGE)

http://www.aid.de
http://www.aid.de/shop/index.php

▶ aid Infodienst Verbraucherschutz, Ernährung, Landwirtschaft e.V. und aid Medien-Shop

http://www.fruchtsaft.org

▶ Verband der deutschen Fruchtsaft-Industrie. Der VdF vermittelt Adressen von Keltereien und Fruchtsaftunternehmen aus der Region, die Mitglied im Verband sind.

http://www.derapfel.de

▶ Allerlei Wissenswertes zum Thema Apfel.

http://www.wegerer.at/apfel/

▶ Eine Seite für den Einsatz an österreichischen Volksschulen. Viele Infos, Gedichte, Texte.

Bücher für Erwachsene

Annerose Naber, Sabine Latorre
Das kreative Sachbuch Apfel
Als-Verlag 1998
ISBN: 978-3-891-35071-3, EURO 8,20

▶ Eine wahre Fundgrube an Geschichten, Gedichten, Aktions- und Gestaltungsideen zum relativ kleinen Preis.

Franz Mühl
Alte und neue Apfelsorten
Obst- u. Gartenbauverlag 2007
ISBN: 978-3-875-96093-8, EURO 16,00

▶ In diesem Bildband finden Sie jede Apfelsorte. Eine gute Hilfe beim Bestimmen der einzelnen Äpfel und zum Staunen über die Vielfalt an Färbungen und Varianten.

Bücher für Kinder

Claudia Strand
Giuseppe Arcimboldo: Der Apfel-Birnen-Kürbismann
Prestel Verlag 2007
ISBN: 978-3-791-33939-9, EURO 14,95

- Aus Blumen, Früchten und Gemüse hat Arcimboldo im 16.Jahrhundert Porträts und Stillleben gestaltet. Seine Bilder üben auf Kinder eine besondere Faszination aus.

Pierre-Marie Valat
Der Apfel
Bibliographisches Institut 2007
ISBN: 978-3-411-08542-2, EURO 7,95

- Ein Sachbilderbuch aus der Reihe „Meyers kleine Kinderbibliothek". Transparentfolien ermöglichen Einblicke in das Apfel-Innere.

Bronja Zahlingen
Hänschen Apfelkern. Kleine Märchen und Geschichten zum Erzählen und Spielen
Verlag Freies Geistesleben 2007
ISBN: 978-3772523083, EURO 8,50

Architektonische Spaziergänge

Schauen und Bauen

Mag es auf den ersten Blick auch ungewöhnlich erscheinen: Das Thema Architektur eignet sich bestens für ein spannendes Alltags-Projekt in der Kita. Denn Kinder erleben Architektur Tag für Tag, ohne sich dessen bewusst zu sein. Wir wohnen in Häusern, die bestimmte Funktionen erfüllen, sehen und nutzen unterschiedlichste öffentliche Gebäude – da lohnt es sich, einmal genauer hinzuschauen!

Lernchancen

Sozial-emotionale Kompetenzen

- sich eine Meinung bilden und diese vertreten
- Absprachen in der Gruppe treffen; gemeinsam Modelle erstellen
- anderen helfen und sich helfen lassen

Sprache

- Beobachtungen klar formulieren

Natur, Lebenswelt und Technik

- Pläne und Konstruktionszeichnungen „lesen“ und selbst anfertigen
- Perspektive erleben und erkennen
- räumliche und topologische Grundbegriffe schärfen
- Muster und Symmetrien erkennen

Körper und Gesundheit

- die sinnliche Wahrnehmung verbessern
- feinmotorische Fertigkeiten ausbauen

▶ ***Musisch-ästhetische Bildung***

- ein Gespür für Bau-Ästhetik entwickeln
- Ideen in einem Modell realisieren
- Farben und Formen bewusst einsetzen

Die Aktion

Die Kita – Architektur vor Ort

Auch die Kita hat eine Baugeschichte. Das Gebäude wurde von Architekten geplant und von Bauarbeitern realisiert. Möglicherweise hat es auch verschiedene Umbauphasen erlebt. Betrachten Sie Baupläne Ihrer Einrichtung mit den Kindern:

▶ Wo und wie sind die Türen eingezeichnet?

▶ Wo müsste man das Bücherregal auf dem Plan einzeichnen, wo die Bauecke?

▶ Gibt es einen (baulichen) Grund, warum Toiletten und Küche in räumlicher Nähe zueinander liegen?

▶ Was ist auf den Plänen noch eingezeichnet (z. B. Steckdosen, Fenster)?

▶ Welche Dinge fehlen darauf?

Aus dem Betrachten des Bauplanes und dem Vergleich mit dem realen Bau wird den Kindern in Ansätzen deutlich, wie ein Architekt bei seiner Arbeit vorgeht.

Architektur-Spaziergänge vorbereiten

Bevor Sie mit den Kindern architektonische Spaziergänge im Umfeld Ihrer Kita unternehmen, sollten Sie selbst mit offenen Augen die Straßen durchwandern und Ihr Augenmerk auf bauliche Besonderheiten richten:

▶ Welche Bauten weisen auffällige Besonderheiten auf (in Größe, Funktion, Ästhetik, Material, Farbe, Form, usw.)?

▶ Gibt es in der Umgebung Türme oder Brücken? Unterscheiden sich diese in Funktion und Bauart?

▶ Welche Gebäude werden von den Kindern in der Umgebung regelmäßig genutzt (Turnhalle, Schule, Kinder- und Jugendzentrum, Bücherei)? Gibt es dort Besonderheiten zu entdecken?

- Finden gerade bauliche Maßnahmen an bestehenden Gebäuden statt?
- Wo entsteht ein Neubau oder kann ein Bauvorhaben beobachtet werden?
- Welche historischen Bauten gibt es in der Umgebung?
- Woran kann man das Alter der Gebäude erkennen (verwendete Materialien, Baustil, Fensterformen, eingravierte Jahreszahl)?

Beobachtungsaufgaben stellen

Wer in einem Stadtviertel oder einem kleineren Ort auf architektonische Spurensuche gehen möchte, muss zuvor wissen, wonach er sucht. Entwickeln Sie mit den Kindern vor dem Verlassen der Kita Fragen und Beobachtungsaufgaben. Wählen Sie einige wenige Fragen aus oder führen Sie mehrere „Spaziergänge" zu jeweils einem Thema durch.

Am besten stattet sich jedes Kind mit einem Bleistift und einem kleinen Forscher-Skizzenheft (einige zusammengeheftete Blätter) aus, in dem es seine Beobachtungen zeichnerisch festhält. Etwas ältere Kinder könnten die übrigen interviewen und deren Aussagen mit einem Kassettenrecorder oder einem Diktiergerät aufnehmen. Folgende Fragestellungen bieten sich an:

- Welches Gebäude findest du besonders schön oder hässlich? Warum?
- Von welchem Gebäude denkst du, es sei besonders alt oder neu? Warum?
- Bestehen alle Wände aus demselben Material? Sind manche Wände besonders gestaltet?
- Welche Teile gehören zu einem Haus?
- Welche Fensterformen hast du entdeckt?
- Wie sind die Fenster am Gebäude angeordnet?
- Haben alle Fenster durchsichtige und farblose Scheiben?
- Wie sehen die Türen aus? Aus welchem Material sind sie?
- Hat jede Tür eine Türklinke? Wie sehen die Klinken aus?
- Hast du auf dem Weg Treppen/Türme/Brücken gesehen? Woraus sind sie gebaut? Wie sind sie konstruiert?
- Warum stehen diese Bauten genau dort? Erfüllen sie eine bestimmte Aufgabe?

Manchen Kindern gelingt es leichter, den Blick zu fokussieren, wenn sie ein Gebäude durch ein „Fernglas" aus einem gerollten Stück Papier beobachten. Zeigen Sie den Kindern diese Möglichkeit, indem sie beispielsweise bei einem Gebäude eine Suchaufgabe stellen, z. B.: Gibt es ein Fenster mit blauen Vorhängen?

„Umwandern" Sie gemeinsam besondere Bauten. Die Kinder erleben auf diese Weise ganz konkret die Größe beispielsweise einer Kirche im Vergleich zu einer Kapelle. Hier wird auch der Grundriss erfahrbar: In welchen Winkeln stehen die Mauern zueinander? Ist der „Boden" des Gebäudes rechteckig, quadratisch oder gar kreuz- oder kreisförmig? Interessant ist es auch, die Innen- und Außenwirkung eines Gebäudes zu vergleichen. Manche Gebäude erscheinen von außen viel kleiner als von innen und umgekehrt.

Besondere Aktionen

Ein beeindruckendes Erlebnis ist das ***Besteigen eines Turmes***. Vielleicht ist der Kirchturm in ihrem Ort begehbar, oder es gibt ein anderes sehr hohes Gebäude, zu dem Sie Zugang bekommen können. Die Umgebung aus der „Vogelperspektive" zu betrachten, ist faszinierend. Die „menschlichen Zwerge" und „Spielzeugautos", die wir aus der Höhe beobachten können, rufen bei Kindern erfahrungsgemäß besondere Begeisterung hervor. Vielleicht gelingt es ihnen, von dort oben die Kita, andere markante Bauwerke oder die Wohnhäuser einzelner Kinder zu erkennen.

Architektonische Spaziergänge bieten viele Anlässe zum ***Messen und Vergleichen***. Kleinere Strecken können mit einem Bandmaß oder auch mit einem Stück Wolle oder Schnur gemessen werden. Für größere Strecken können die Kinder eine Menschenkette bilden (wie viele müssen sich an den Händen fassen?) oder sie zählen ihre Schritte um den Umfang eines Bauwerks zu ermessen. So entwickeln sie ein Gefühl für Längen und können Maße in Relation setzen.

Wenn sich in der näheren Umgebung der Kita eine ***Baustelle*** befindet, nutzen Sie die Chance, die Arbeiten dort zu beobachten. So erleben die Kinder vom Aushub der Baugrube bis zur Fertigstellung alle Schritte der Baugeschichte.

Tipps zur Planung

- Nehmen Sie Kontakt zu einem Architekturbüro auf. Vielleicht können Sie dieses besuchen und im Laufe des Jahres eine Baustelle immer wieder besichtigen und deren Veränderungen dokumentieren.
- In vielen Städten gibt es mittlerweile Führungen von Fachleuten für Kinder zu bestimmten Bauwerken, vorwiegend Kirchen. Eine gute Infoquelle sind hier die Rathäuser oder Tourismus-Informationen, aber es gibt auch private Initiativen (z. B. „Der kleine Baumeister" in München, Link siehe Medientipps S. 82).
- Stellen Sie den Kindern nicht zu viele Beobachtungsaufgaben auf einmal, sonst sind sie schnell überfordert. Sie können auch einzelne Forschergruppen (in Begleitung einer Betreuungsperson) mit jeweils einem Thema beauftragen. Diese können ihre Erkenntnisse dann den anderen Kindern vermitteln.
- Vielleicht können Sie bei Ihren Erkundungsgängen auch fotografieren. So fällt es später in der Kita leichter, sich anhand der Bilder über die Beobachtungen auszutauschen.

Hintergrundwissen

Architektur und Architekt

Das Wort Architektur stammt aus dem Griechischen und wird mit „***Baukunst*** als wissenschaftliche Disziplin" übersetzt. Man spricht aber auch von der „Architektur eines Gebäudes" und meint damit den ***Baustil***. Die Arbeit des Architekten beginnt mit dem Entwurf, in dem er technische, funktionale, wirtschaftliche und auch ästhetische Gesichtspunkte berücksichtigt. Er beaufsichtigt die Umsetzung seiner Pläne auf der Baustelle bis zur Fertigstellung.

Hilfsmittel des Architekten

Ein Architekt arbeitete noch bis vor wenigen Jahrzehnten am ***Reißbrett*** und zeichnete seine Ideen per Hand mit Hilfe zahlreicher Lineale und Schablonen auf. Heute werden die meisten Pläne am ***Computer*** gefertigt. Sie werden häufig auf durchscheinendes, sogenanntes ***Architektenpapier*** gedruckt, damit die einzelnen Pläne aufeinandergelegt werden können.

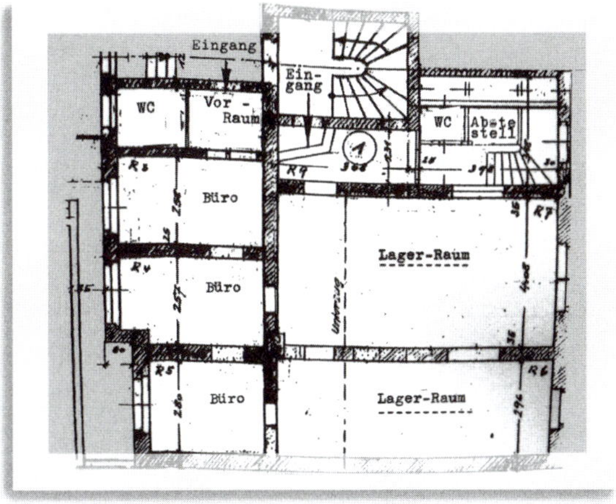

Im ***Grundriss*** ist der Bau aus der Vogelperspektive zu sehen, im ***Aufriss*** ist die Front des Gebäudes abgebildet. Schraffuren und Einfärbungen ermöglichen die Kennzeichnung unterschiedlicher Baumaterialien. Für öffentliche Gebäude erstellen Architekten ***Modelle***, da die Vergabe des Bauprojektes häufig im Rahmen eines Wettbewerbes erfolgt. Ein Modell aus Styropor, Papier und Pappe unterstützt die Vorstellungskraft des Betrachters, die Dimensionen lassen sich leichter erfassen.

Geschichte der Architektur

Funde belegen, dass bereits die Menschen in der Steinzeit erste Hütten bauten (im Grunde sind auch Zelte, die Vorläufer der ersten Hütten, Bauwerke). In erster Linie schützten sich die Menschen durch die Bauten vor Tieren und Unwettern, aber sie boten auch die Möglichkeit, Vorräte trocken zu lagern. Erst in späterer Zeit entstanden Repräsentationsbauten wie Paläste oder öffentliche Gebäude, in der die Menschen zu verschiedensten Zwecken zusammenkamen.

Über die Jahrhunderte haben sich die Baustile verändert. Zum einen, weil durch technische Errungenschaften oder durch Entdeckung neuer Materialien neue Bauformen möglich wurden. Zum anderen, weil sich – wie bei der Kleidung – auch bei den Bauformen „Moden" entwickelten. Folgende Baustile unterscheiden wir heute:

- ***Antike*** *(Griechen – Parthenon, Athen / Römer – Pantheon, Rom)*
- ***Romanik*** *(Rundbogen – Kaiserdom, Speyer)*
- ***Gotik*** *(Spitzbogen – Kölner Dom)*
- ***Renaissance*** *(die Rückbesinnung auf die Antike – Loire-Schlösser)*
- ***Barock*** *(gekennzeichnet durch „Üppigkeit" – Schloss von Versailles)*
- ***Klassizismus*** *(Glyptothek, München)*
- ***Historismus*** *(Semperoper, Dresden, Schloss Neuschwanstein bei Füssen)*
- ***Moderne*** *(Unité d'Habitation von Le Corbusier, Marseille)*
- ***Postmoderne*** *(Neue Staatsgalerie, Stuttgart)*

Baumaterialien und -formen

Wände (etymologisch verwandt mit dem Verb „winden") wurden ursprünglich aus Schilf und Gräsern geflochten, später mit Lehm abgedichtet. Der Mensch verbaute, was er in der Natur fand: Äste, Steine, Lehm. Später wurden Lehmklumpen gestapelt, dann Lehm in Holzformen gegossen und nach dem Trocknen wie die heutigen Tonziegel aufgemauert. Natursteine wurden zunächst „roh" verwendet, später behauen.

Heute wird aus Stahl, Beton und Glas gebaut. Aber es findet derzeit auch eine Rückbesinnung auf die zum Teil haltbareren, besser isolierenden und vor allem „nachwachsenden" Baustoffe wie Holz und Lehm statt.

Erst seit dem 15. Jahrhundert wurden Fensteröffnungen – wenn die finanziellen Mittel es erlaubten – mit Butzenfenstern versehen. Davor wurden die (kleinen) Fenster bei Kälte mit Teppichen verhängt. Auch ölgetränktes Papier sorgte dafür, dass der Wind nicht durch die Öffnung kam und ließ wenigstens ein wenig Licht durch. Helle und große Glasscheiben konnten erst im späten 18. Jahrhundert hergestellt werden.

Dächer wurden mit Materialien aus der Umgebung gedeckt – im Norden Deutschlands mit Reet (Schilf), in holzreichen Wäldern mit Schindeln und in Bergregionen mit Steinen und Schiefer. Heute werden vorwiegend Dachziegel verwendet. Es gibt verschiedene Dachformen, wie das Pultdach, das Satteldach und das Walmdach. Turmdächer sind pyramidal, kegelig oder „zwiebelförmig".

Architektur und Kinder

Kinder halten sich in vielen verschiedenen Gebäuden auf. Sie nehmen sie als selbstverständlich wahr, auch wenn ihnen beim ersten Betreten durchaus Besonderheiten im Vergleich zur eigenen Wohnung auffallen (eine Turnhalle hat keine Küche, verfügt aber über sanitäre Anlagen; in der eigenen Wohnung sind die Räume unterschiedlich groß, die Gruppenräume in der Kita vielleicht gleich zugeschnitten).

Hier gilt es die Kinder für Unterschiede zu sensibilisieren. Vielleicht fällt den Kindern auch auf, dass es Räume oder Gebäude gibt, die eine bestimmte Wirkung auf das Verhalten und Wohlbefinden ausüben und dass das mit Farben und Licht zusammenhängt, aber auch damit, ob es ich um einen hohen oder einen niedrigen Raum handelt.

In der Auseinandersetzung mit Architektur machen Kinder viele raumgeometrische und topologische Erfahrungen. Das heißt nicht, dass sie dadurch geometrische Begriffe sicher beherrschen. Aber sie machen beispielsweise im Modellbau Erfahrungen mit verschiedenen Körpern, entdecken Symmetrien, bilden Muster. Sie nehmen Bauwerke aus verschiedenen Perspektiven wahr und entwickeln ein Gefühl für Größen und Dimensionen.

Dabei kommt die Kreativität nicht zu kurz, denn in ihren Wunschmodellen scheitern die Kinder kaum an der Machbarkeit, der der Architekt in der Realität Rechnung tragen muss. Neben der Beschäftigung mit Wohnhäusern bieten sich Türme, Brücken oder auch Burgen als Thema an.

Ideen zur Vor- und Nachbereitung

Material zum Bauen und Konstruieren

Wenn in der Kita Modelle von Türmen, Brücken und anderen Bauwerken konstruiert werden, sollte ausreichend und vor allem geeignetes „Baumaterial" zur Verfügung stehen. Empfehlenswert sind je gleich große quaderförmige Holzklötze, die möglichst präzise gearbeitet sein müssen, damit auch beim Bau von höheren Gebäuden keine Neigungen oder Lücken zwischen den Klötzen entstehen, die zum Einsturz führen.

Sehr schön, wenn auch teuer, sind KAPLA-Plättchen aus naturbelassenem Holz. Sie wurden von einem niederländischen Kunsthistoriker entwickelt und werden beispielsweise in Frankreich im Elementar- und Primarbereich vielfältig eingesetzt. Alternativ können Sie bei Parkettlege-Betrieben nach Restbeständen von Industrieparkett fragen. Diese Holzplättchen sind nicht ganz so präzise gearbeitet, aber da sie meist kostenlos und auch in größeren Mengen abgegeben werden, können sie als Verbrauchsmaterial verwendet und ggf. auch verleimt werden.

Kuppelbau mit Eierschale

Material

- 8 hartgekochte Eier
- durchsichtiges Klebeband
- ein scharfes Messer
- feines Schmirgelpapier
- viele Bücher

Es ist erstaunlich, wie viel Gewicht dünne Eierschalen tragen können – solange die „Eierkuppel" gleichmäßig belastet wird. Dass dies nicht am Material liegt, sondern an der Form, zeigt dieser Versuch sehr eindrücklich. Kein Wunder, dass Kuppelgewölbe in Kirchen und Schlössern viele Jahrhunderte überdauern.

Kleben Sie ungefähr um die Mitte der hart gekochten und abgekühlten Eier jeweils einen Streifen Klebeband. Dann jedes Ei vorsichtig in zwei Teile schneiden (der Klebestreifen soll verhindern, dass die Schnittstelle ausbricht und uneben wird), danach den Streifen entfernen. Das Innere des Eies kann nun sorgsam ausgelöffelt werden.
Für den Versuch eignen sich am besten die „dicken" Enden der Schalen.

Stellen Sie diese nun auf ihre Schnittflächen und ordnen sie sie dicht aneinander auf einer Grundfläche in der Größe der Bücher an. Nun können langsam Bücher auf die Eier gestapelt werden. Wichtig ist, dass die Belastung gleichmäßig erfolgt, die Bücher also möglichst gerade aufgelegt werden, sodass die Schalen gleichzeitig belastet werden. Die Kinder können schätzen, wie viele Bücher die Eierschalen aushalten. Es sind sicher einige mehr als gedacht!

Hinweis
Es empfiehlt sich, die Vorbereitung der Eierschalen alleine oder in einer kleinen Gruppe durchzuführen. Sonst verlieren gerade jüngere Kinder möglicherweise die Geduld beim Zuschauen.

Der höchste Turm

Material

- viele gleiche quaderförmige Bauklötze

Fordern Sie die Kinder auf, jeweils mit der gleichen Anzahl an Bauklötzen einen möglichst hohen Turm zu bauen. Neben einer ruhigen Hand ist hier auch Erfindungsgeist gefragt. Denn wer die Klötze einfach mit den größten Flächen aufeinanderlegt, wird zwar einen recht stabilen Turm erhalten, aber nicht den höchsten. Wer hoch hinaus will, muss in „Skelett-Bauweise" bauen. Oder – aber das ist nur für Menschen mit sehr viel Geduld und Fingerfertigkeit eine Möglichkeit – man stellt die schmalsten Flächen der Klötze aufeinander, um die maximale Höhe auszunutzen.

Stabile Mauern im Rütteltest

Material

- viele gleich große, quaderförmige Bauklötze oder Industrieparkett
- Tabletts oder größere Holzplatten

Bitten Sie die Kinder, eine möglichst stabile Mauer zu bauen. Diese sollen auf Tabletts oder Holzplatten gebaut werden, denn sie werden später einem „Erdbeben-Rütteltest" unterzogen, der die Stabilität der Bauwerke testet. Die erfahrenen „LEGO-Bauer" unter den Kindern werden die Hölzer vermutlich im sog. „Läuferverband" anordnen, bei dem es keine durchgehenden senkrechten Spalten gibt. Sind die Mauern fertig gestellt, wird die Unterlage gerüttelt – erst sanfter, dann stärker. Mal sehen, wer am stabilsten gebaut hat. Vor dem „Erdbeben" lohnt es sich, die verschiedenen Techniken zu vergleichen.

Tipp

Bauen Sie selbst eine „Mauer" aus direkt übereinandergelegten Klötzen, also sozusagen mehrere „Säulen", die nicht untereinander verbunden sind. Wenn diese dem Test unterzogen werden, stürzen sie schnell ein. Hier wird sehr deutlich, wie wichtig das großflächige Überlappen der einzelnen Bauelemente ist.

Weiterführung

Wer ein Haus bauen möchte, muss einen rechten Winkel aus Steinen errichten können. Wie können die Bauklötze stabil „um die Ecke" gebaut werden? Schöne Beispiele hierzu (Skizzen zu verschiedenen Varianten der Ziegelverbände) finden Sie im Internet unter:

http://www.lbs-wals.salzburg.at/vwrl/wrl-m/ziegel/grundl.htm

Brückenbau aus Papier

Material

- 10–15 Bogen Papier (DIN A4)
- gleich große quaderförmige Bauklötze oder Industrieparkett
- blaues Papier als „Fluss"
- Klebeband

Legen Sie einen Streifen blaues Papier als Fluss auf den Boden und stapeln Sie einige Bauklötze in gleicher Höhe zu beiden Seiten des „Flussufers" auf. Wie kann diese Schlucht überquert werden? Und: „Wie kann eine Brücke so stabil gebaut werden, dass ein Spielzeugauto darüber fahren kann? Wie echte Architekten probieren die Kinder das am Modell aus und zwar mit Papier. Lassen Sie die Kinder zunächst frei experimentieren:

- Die einfachste Lösung ist, ein Blatt Papier über die Schlucht zu legen. Diese „Brücke" ist allerdings nicht belastbar.
- Durch ein zum Bogen gewölbtes Blatt als „Stützkonstruktion" kann der erste Versuch optimiert werden. Ein leichtes Auto kann nun die Schlucht überqueren.
- Papier kann auch zu Säulen gerollt werden und so die „Fahrbahn" stützen.
- Ein ziehharmonika-artig gefaltetes Blatt Papier als Unterbau stabilisiert das Papier und ist ungleich belastbarer. Es ist hilfreich, die Faltung durch Klebestreifen an den Rändern zu stabilisieren, damit sich das Blatt bei Belastung nicht „entfaltet". Bei dieser Konstruktion verteilt sich das Gewicht auf die schräg gestellten Wände. (Wer sich Wellpappe genauer anschaut, findet dasselbe Prinzip dort wieder.)

Kragbrücke wie bei den Römern

Material

- Industrieparkett oder Kapla-Klötze
- blaues Papier

Bereits die Römer bauten riesige, durch Bogen gestützte Brücken. Sie dienten u. a. der Wasserversorgung (sog. Aquädukte, z. B. der Pont du Gard in der Provence bei Nîmes). Ein solcher Bogen kann leicht nachgebaut werden.

Zunächst legen Sie zwei gleich große Bauklötze genau übereinander. Nun schieben Sie das obere Plättchen immer weiter über das andere hinaus. Was passiert? Sobald mehr als die Hälfte des oben liegenden Klotzes „in der Luft hängt", stürzt dieser hinunter, weil dieser „freie" Teil des Bauklotzes zu schwer wird. Will man dieses vermeiden, muss man

ein Gegengewicht schaffen, indem man einen weiteren Klotz auf den über die Kante ragenden Klotz stellt.

Auf diese Weise kann eine Art Bogen, eine sogenannte ***Auskragung***, geschaffen werden, mit der Hindernisse (z. B. ein durch einen blauen Papierstreifen symbolisierter Fluss) überwunden werden können. Hier ist etwas Fingerspitzengefühl und Geduld gefordert, aber das Ergebnis ist beeindruckend, da der Bogen ohne jeden Klebstoff hält.

Häuser aus Zeitungspapier

Material

- viel Zeitungspapier
- Kreppklebeband
- einige Rundhölzer mit etwa 0,5 mm Durchmesser

Aus Zeitungspapier lassen sich richtige Häuschen bauen, in denen mindestens ein Kind Platz findet. Zunächst müssen einige feste Röhren gerollt werden. Dazu wird ein Rundholz auf die Ecke eines Zeitungsbogens gelegt. Nun wird das gesamte Papier um das Holz herum aufgerollt und zwar so fest wie möglich. Alles mit Klebestreifen fixieren und das Rundholz herausziehen (es dient nur dazu, am Anfang das Rollen zu erleichtern).

Sind genügend Papierstangen hergestellt, kann mit dem Bau begonnen werden. Dabei helfen sich die Kinder gegenseitig. Die einzelnen Elemente werden mit Klebestreifen verbunden. Schnell werden die Kinder feststellen, dass eine Wand aus vier Papierrollen nicht sehr stabil ist. Eine diagonal eingefügte Strebe schafft Abhilfe, auch eine zweite kann nicht schaden. (Alle Kreuzungspunkte mit Klebestreifen sichern!) Beim Einfügen der Streben entstehen dreieckige Unterteilungen, die stabiler sind als Vierecke.

Nun müssen die Wände noch miteinander verbunden und zum Schluss vielleicht ein Dach aufgesetzt werden. Wer mag, kann einige Betttücher oder auch Zeitungspapier darüberhängen, damit die Seiten auch wirklich geschlossen sind, wie bei einem richtigen Haus. Architektonische Beispiele für dieses Konstruktionsprinzip finden wir übrigens bei alten Fachwerkhäusern.

Berühmte Bauwerke und Architekten

Einige Bauwerke berühmter Architekten und Künstler faszinieren Kinder, weil sie aussehen, als seien sie der Fantasiewelt eines Kindes entsprungen. Das Betrachten von Darstellungen solcher Bauwerke und der Austausch darüber kann die Kinder beim freien Bauen inspirieren.

Friedensreich Hundertwasser (eigentlich Friedrich Stowasser) ist ein bedeutender österreichischer Künstler und Philosoph, der sich auch ausgiebig mit Architektur auseinander gesetzt hat. Hier ist vor allem das ***Hundertwasserhaus*** in der Kegelgasse in Wien zu nennen. Bekannt geworden ist Hundertwasser unter anderem dadurch, dass er sich für das „Fensterrecht" eingesetzt hat, welches im Hundertwasserhaus auch praktiziert wird. Demnach hat jeder Bewohner das Recht, „sich aus dem Fenster zu lehnen und außen an der Fassade alles umzugestalten, so wie es ihm entspricht, soweit sein Arm reicht. Damit man von Weitem von der Straße sehen kann: Da wohnt ein Mensch."

Vielleicht inspiriert alleine dieser Satz dazu, beispielsweise aus einem großen Stück Pappe ein Fenster zu schneiden und dessen Umfeld individuell zu gestalten ... (Damit man von Weitem sieht, wer da wohnt.) *http://www.hundertwasser.at*
http://www1.kunsthauswien.com/deutsch/hundertwasser.htm

Der amerikanische Architekt ***Frank Lloyd Wright*** hat mit ***Fallingwater*** (nach dessen Besitzer und Auftraggeber auch „Kaufmann-Haus" genannt) ein Privathaus über einem Wasserfall gebaut. Das Haus scheint eins zu werden mit der wilden Landschaft, das es umgibt, es „fließt" förmlich die Felsen hinunter. Im Haus selbst ist das rauschende Wasser zu hören. *http://www.wright-house.com*

Ebenso faszinierend und einzigartig sind die Bauten des Katalanen ***Antoni Gaudi***, die durch die Nachahmung der Natur mit vielen geschwungenen und dynamischen Wand- und Dachkonstruktionen besticht. Am bekanntesten ist die ***Sagrada Familia*** in Barcelona, das Wahrzeichen der Stadt.

http://www.barcelona-tourist-guide.com/de/gaudi/barcelona-gaudi.html

Modellbau

Material

- Verpackungskartons in verschiedensten Größen und Wellpappe
- Schaschlikspieße und Zahnstocher
- Knetmasse
- Stoffreste
- Schnüre und Gummibänder
- Papierreste
- Holzreste
- Klebstoff und Klebeband
- evtl. Styropor (mit entsprechendem Klebstoff und Schneidegeräten)

In der Modellbau-Werkstatt können die Kinder frei bauen und konstruieren. Vielleicht finden Sie ein gemeinsames Thema: ***Mein Traumhaus*** oder ***Unsere Wunschstadt*** oder ***Mein Traumspielplatz***. Stellen Sie hierzu den Kindern ein Landschaftsmodell mit Berg und Tal aus dicker Pappe zur Verfügung, in dem die Bauwerke präsentiert werden können. Dieses Modell kann auch mit kleinen Figuren bespielt werden.

Eine andere Möglichkeit besteht darin, markante Gebäude der Umgebung nachzubilden und diese auf einem großformatigen ***Straßenplan*** zu platzieren. Allerdings ist diese Art der Umsetzung wegen des Abstraktionsgrades und der perspektivischen Vorstellung in der Regel frühestens ab 5 Jahren möglich.

In einem ganz anderen Ansatz könnten verschiedene ***Wohnformen*** im Modell dargestellt werden: eine steinzeitliche Hütte, ein Indianer-Zelt, ein Iglu, eine römische Villa, ein modernes Einfamilienhaus, ein Reihenhaus, ein Hochhaus, usw.

Medientipps

Links zum Thema

http://www.derkleinebaumeister.de

- Eine Münchner Architektin bietet Workshops und Führungen für Kinder zum Thema Architektur an.

http://www.brueckenweb.de

- Hier hat ein Bauingenieur in einer Datenbank Informationen und Fotos zu über 5.000 Brücken in der ganzen Welt gesammelt. Mit einer Top 10 der Brücken!

http://de.structurae.net/index.cfm

- Structurae ist eine Datenbank für Ingenieurbauwerke. Hier können Bauwerke (u.a. Turm, Tunnel, Brücke) unter verschiedenen Aspekten gesucht werden.

Bücher für Erwachsene

Paul Maar
Türme
Verlag Oetinger 2002

- Dieses (mit dem Jugendliteraturpreis ausgezeichnete) Buch versammelt Fachwissen, Sagen und allerlei Geschichten zum Thema Turm, angefangen bei der so bezeichneten Schachfigur über den Turm zu Babel bis zu den ersten Wolkenkratzern. Eine inspirierende Fundgrube, die leider nur noch antiquarisch erhältlich ist.

Susanna Partsch
Wie die Häuser in den Himmel wuchsen
dtv 2002
ISBN: 978-3423621106, EURO 12,50

- Eine reich bebilderte Reise durch die „Geschichte des Bauens".

Bücher für Kinder

Melanie Garan
So kommt der Tunnel in den Berg: Rund um die Baustelle
Reihe Schauen und Staunen
Verlag Velber 2007
ISBN: 978-3866135444, EURO 9.95

- Diese Foto-Sachgeschichte zeigt, wie Brücken abgerissen und neu konstruiert werden, wie eine Mauer und ein Haus entstehen oder wie ein Tunnel in den Berg gebaut wird.

Norbert Golluch
Bagger und Kräne auf der Baustelle
Aus der Reihe: Willi will's Wissen
Baumhaus Verlag 2008
ISBN: 978-3833927249, EURO 9,90

▶ Willi erkundet die Baustelle und verfolgt den Bau von Häusern von der Grundsteinlegung bis zur Fertigstellung und verschiedene Straßen- und Tiefbauarbeiten. Viele Fotos!

Simone Jeska
Von der Burg zum Blob: Kinder entdecken Architektur
Verlag Birkhäuser 2006
ISBN: 978-3764374730, EURO 19,90

▶ Eine Reise durch die Zeit und somit durch verschiedene Baustile. Fotos von 18 bekannten Gebäuden laden mit Suchaufgaben zum genauen Hinsehen ein. In einem Glossar werden wichtige architektonische Begriffe erklärt.

Patricia Mennen, Wolfgang Metzger
Auf der Baustelle
Reihe Wieso? Weshalb? Warum?
Ravensburger Buchverlag 2007
ISBN: 978-3473332748, EURO 12,95

▶ Ein Sachbilderbuch mit vielen Klappen und vielen Informationen rund um die Baustelle.

Regine Kranz
Hundertwasser. In meinem Zimmer wächst ein Baum
Horncastle Verlag 2006
ISBN-13: 978-3938822036, EURO 9,90

▶ Eine reich bebilderte Entdeckungsreise in die architektonischen Ideen des Künstlers Friedensreich Hundertwasser.

David Macaulay

- **Sie bauten eine Kathedrale**
- **Sie bauten eine Moschee**
- **Eine Stadt wie Rom**
- **Wo die Pyramiden stehen**
- **Es stand einst eine Burg**
- **Das große Buch der Bautechnik**

▶ Alle Bücher dieses Autors bestechen durch ihre präzisen Zeichnungen und geballten Informationen, die sich den Kindern alleine jedoch kaum erschließen.

Aus der Reihe: Was ist was?

- **Architektur**
- **Türme und Wolkenkratzer**
- **Brücken und Tunnel**
- **Burgen**
- **Pyramiden**

Tessloff Verlag
Je EURO 9,95

Wo ich gerne bin

Lieblingsplätze zum Spielen und Verweilen

Die Kinder erleben einander täglich im Kindergarten. Doch wo und was die einzelnen außerhalb der Kita alleine oder mit anderen Kindern spielen, ist sicher nicht jedem Kind bekannt. Bei dieser Exkursion lernen die Kinder sich gegenseitig und ihre jeweiligen Lebenswelten besser kennen – und sie erhalten Tipps und Ideen für ihre Freizeitgestaltung.

Lernchancen

Sozial-emotionale Kompetenzen

- Steigerung des Selbstwertgefühls: Ich bin am Exkursionstag der Experte!
- die Lebenswelten der anderen Kinder kennenlernen
- Spielregeln einhalten können – mit anderen kooperieren

Sprache

- Spielregeln erklären
- Wegbeschreibungen formulieren

Natur, Lebenswelt und Technik

- die Kita-Umgebung kennenlernen
- sich unterwegs räumlich orientieren
- eine Wegskizze/einen Ortsplan erstellen

Körper und Gesundheit

- umsichtiges Verhalten im Straßenverkehr üben
- motorische Fähigkeiten verbessern
- durch Bewegung Spannungen abbauen

▶ *Musisch-ästhetische Bildung*

- eigene Spielideen entwickeln
- verschiedene (Natur-)Materialien kreativ einsetzen
- einfache Spielgeräte herstellen

▶ *Ethik und Wertebildung*

- selbst hergestellte Spielgeräte wertschätzen

Die Aktion

Wie spielten Kinder früher?

Wo und wie Kinder früher spielten, hat ***Pieter Brueghel d. Ältere*** in seinem Gemälde ***Kinderspiele*** von 1560 eindrücklich dargestellt. Auf diesem Werk wurden über 80 verschiedene Spiele, die wir auch heute noch in verschiedenen Varianten kennen, festgehalten. Das Gemälde ist als Poster, z. B. auch im Internet, zu beziehen (siehe Medientipps, S. 95). Sie können entweder mit der ganzen Gruppe das Gemälde in Ausschnitten betrachten oder jedem Kind nur einen Teil der fotokopierten Abbildung in die Hand geben. So fällt es den Kindern leichter, Details zu erkennen.

Schnell werden die Kinder ihnen bekannte Spiele entdecken oder Spielideen erahnen und erschließen: Reiterspiele, Kreisel, Steckenpferdreiten, in einem Rollenspiel „Hochzeit" spielen, Bockspringen, Verstecken, einen Stock (Besenstiel) auf der Hand balancieren, Handstand machen, und vieles mehr. An manchen Spielen beteiligen sich eher Mädchen, an anderen eher Jungen. Mal beschäftigt sich ein Kind alleine, mal finden sich Gruppen oder Paare zusammen. Spielgeräte wie Kreisel, Murmeln oder Reifen sind zu finden, während heutige Spielsachen wie bunte Plastikfiguren, Gameboys und Ähnliches gänzlich fehlen.

Die Kinder auf dem Gemälde sind anders gekleidet als Kinder heute – auch daran lässt sich das Alter dieser Darstellung erkennen. Vielleicht fällt der Gruppe auch auf, dass die Kinder in Breughels Darstellung nicht auf Spielplätzen, sondern auf Straßen und Plätzen mitten unter den Erwachsenen spielen. Sie spielen im Freien und häufig mit Alltagsgegenständen. Dies ist bei Kindern, die heute in der Großstadt aufwachsen, nur bedingt möglich. An die Bildbetrachtung kann sich ein Austausch über die aktuellen Lieblingsspiele der Kinder anschließen.

Vorbereitung der Exkursionen

Besprechen Sie mit den Kindern, dass Sie im Laufe des Kindergartenjahres die Lieblingsorte (im Freien) aller Kinder besuchen werden. Jedes Kind kann aufzeichnen, was es dort am liebsten spielt und seine Darstellung den anderen erläutern.

Bitten Sie die Kinder, mit Hilfe ihrer Eltern auf einem Blatt festzuhalten, wo sich ihr Lieblingsplatz befindet (siehe Tipps zur Planung, S. 87). Anhand dieser Aufzeichnungen können Sie auf einem (stark vereinfachten) Umgebungsplan der Kita die einzelnen Exkursions-Ziele mit den Zeichnungen und evtl. auch Fotos der Kinder markieren. Vielleicht bietet es sich an, zwei Ziele an einem Tag zu besuchen, weil sie in räumlicher Nähe liegen. Möglicherweise nennen einige Kinder einen gemeinsamen Lieblingsplatz.

Planen Sie die Besuche zusammen mit den Kindern und legen Sie einen ungefähren zeitlichen Rahmen fest. Klären Sie im Vorfeld ab, dass es nicht um eine Bewertung der Spiele geht. Vielleicht zeigt ein Kind auch einen Ort, an dem es besonders gut träumen und sich ausruhen kann, oder wo es ein bestimmtes Tier beobachtet oder schöne Kieselsteine gefunden hat (wenn es dieses Geheimnis preisgeben möchte).

Los geht`s!

Nun ist der große Tag gekommen: Ein Kind zeigt den anderen, wo es sich gerne aufhält und was es dort am liebsten spielt. Dieses Kind ist der Experte/die Expertin des Tages und führt zusammen mit einer Erzieherin die Gruppe an. Es kann bereits unterwegs auf die eine oder andere Besonderheit hinweisen (ein besonders schöner Garten, ein merkwürdig gebautes Haus, usw.).

Am Ziel angekommen stellt das Expertenkind der Gruppe seinen Lieblingsort vor und erklärt oder zeigt, was es dort am liebsten tut. Wenn möglich, beteiligen sich die übrigen am Spiel. Anschließend können alle selbstständig das Gelände erkunden und eigene

Spielmöglichkeiten entwickeln. Für Fragen steht der Experte/die Expertin natürlich zur Verfügung.

Die neuen Ideen können die Kinder am Schluss einander vorstellen, sodass alle fantasievolle Anregungen erhalten. Je nach Planung schließt sich eine Vesperpause an oder der Weg wird zur nächsten Station fortgesetzt.

Tipps zur Planung

- Stellen Sie den Eltern die Idee zu diesem Exkursions-Projekt vor. Machen Sie deutlich, dass von den Kindern keine perfekten Präsentationen erwartet werden und dass die Eltern sich möglichst wenig in die Vorbereitungen der Kinder einmischen sollten.
- Allerdings sollten Sie die Eltern darum bitten, den von ihrem Kind gewählten Spielort genau zu benennen (Adresse, genauere Beschreibung des Weges). Viele Kinder im Kita-Alter können Orte, bzw. Wege häufig (für unser Erwachsenen-Verständnis) nur unzureichend beschreiben.

- Am besten begehen Sie die Strecke vor der Exkursion, vor allem, wenn Sie nicht ortskundig sind. So können Sie sich auch selbst ein Bild davon machen, welche Spielmöglichkeiten das Ziel bietet.
- Planen Sie genug Zeit ein, damit die Kinder am Zielort auch ausgiebig spielen können und nehmen Sie ggf. benötigte Utensilien wie Schaufeln, Seile, Bälle usw. mit. Falls erforderlich, bitten Sie die Eltern, die Kinder mit geeigneter Kleidung (Matschhosen, geschlossene Schuhe) auszustatten.
- Nehmen Sie einen Fotoapparat mit. Anhand der Bilder können Kinder ihre Spielaktivitäten meist besser und detaillierter beschreiben.
- Einige Städte geben mittlerweile Kinderstadtpläne aus, in denen Sportflächen, Spielplätze und andere Einrichtungen für Kinder eingezeichnet sind. Sollte es wegen der Gruppengröße oder aus anderen Gründen nicht möglich sein, die einzelnen Kinder an ihrem Lieblings-Spiel-Ort zu besuchen, könnten auch verschiedene Spielplätze erkundet und die Lieblings-Spielideen der Kinder fotografisch oder zeichnerisch dokumentiert werden.

Hintergrundwissen

Freizeitverhalten von Kindern heute

Einige Kinder verfügen nur über wenig wirklich „freie" Zeit neben zahlreichen pädagogisch intendierten und auf Förderung ausgerichteten Nachmittagsaktivitäten. Aber es gibt auch zunehmend Kinder, die nicht betreut werden und sich in ihrer freien Zeit mangels Anregung und Möglichkeiten überwiegend drinnen aufhalten – oftmals vor dem Fernseher oder am Computer. Manche Kinder tun sich schwer damit, sich ohne vorgefertigte Spielsachen oder -geräte zu beschäftigen.

Hinzu kommt, dass es in vielen Städten für Kinder zu wenig Spielmöglichkeiten im Freien, wie Bolzplätze oder anderen frei bespielbaren Raum, gibt.

In der bundesweiten Jugendgesundheits-Studie des Robert-Koch-Institutes wurde 2007 darauf hingewiesen, dass Kinder zunehmend unter Übergewicht oder psychischen Störungen und Beeinträchtigungen leiden und dass erhöhter Medienkonsum und Mangel an Bewegung als Hauptursachen hierfür genannt werden können.

Kinder als ortskundige Spiel-Experten

Indem Sie den Kindern Anregungen geben, wie sie ihre freie Zeit sinnvoll und mit Freude gestalten können, leisten Sie einen Beitrag zu ihrer gesunden physischen und psychischen Entwicklung. Dabei sind die Kinder selbst die Experten für spannende Spiele und können diese am besten an Gleichaltrige vermitteln. Die Reflexion des eigenen Spielverhaltens, das Vergleichen mit anderen, eröffnet jedem Kind eine Vielfalt an neuen Ideen und Möglichkeiten.

Durch das Begehen und Erkunden der näheren Umgebung der Kita lernen die Kinder ihren Wohnort zunehmend besser kennen und werden selbstständiger. Sie erfahren, wo jedes Einzelne wohnt und spielt. Die Kinder orientieren sich neu und lernen die Lebenswelten aller Kinder, nicht nur die ihrer Freunde, kennen.

Soziales Lernen

Dabei werden die Kinder erfahren, dass nicht immer das tollste, teuerste und bunteste Spielzeug vorhanden sein muss, sondern dass es beim Spielen auf die Gemeinschaft mit den anderen ankommt. Manche Spiele sind erst ab einer bestimmten Gruppengröße möglich. Hier müssen sich alle an vereinbarte Regeln halten, sonst „funktioniert" das Spiel nicht.

Spielen mit „Nichts"

Vielleicht gibt das eine oder andere Kind Anregungen, mit Fundstücken aus der Natur zu spielen. Diese sind nicht festgelegt in ihrer Funktion, sondern eröffnen viele Spielmöglichkeiten und -varianten (ein Stück Holz kann z. B. ein Tennisschläger, ein Pferd, ein Brot im Kaufmannsladen oder auch Teil eines Räuber-Lagerfeuers sein). Bieten Sie den Kindern Hilfestellung, indem sie immer wieder kleine Spiele einführen oder einfachste Spielgeräte wie Murmeln, Steinchen oder Seile zur Verfügung stellen. Einfache Gegenstände bestechen durch die Vielfalt der Spielmöglichkeiten.

Hier kommen auch die sogenannten „alten" Kinderspiele zum Tragen. In früherer Zeit gab es kaum ausgewiesenes „Spielzeug". Die Kinder spielten mit Alltagsgegenständen und Naturmaterialien. Auch heute haben diese Spiele ihre Attraktivität nicht verloren.

Kartenverständnis

Bei Kindergartenkindern ist ein Kartenverständnis nicht zu erwarten. Dennoch ist es möglich, ihnen an einem entsprechenden Modell (siehe S. 90) eine grobe Vorstellung zu vermitteln, welche Exkursionsziele weit entfernt voneinander liegen, welche in unmittelbarer Nähe zur Kita liegen und durch welche Straßen und Wege die einzelnen Punkte miteinander verbunden werden. Wichtig ist, dass auf der von der Gruppe erstellten „Karte" die für die Kinder (aus ihrer Sicht!) relevanten Punkte markiert werden.

Ideen zur Vor- und Nachbereitung

Unser Spiel-und-Stadt-Plan

Material

- großformatiges Papier
- Fotos von markanten Bauten, Kreuzungen und Ampelanlagen in der Umgebung der Kita
- dicke Filzstifte
- Fotos oder Zeichnungen der Kinder

Entwickeln Sie mit den Kindern – von der Kita ausgehend – einen stark vereinfachten Stadtplan, den Sie auf einem Tisch oder auf dem Boden auslegen. Kennzeichnen Sie darauf die Kita und andere markante Gebäude, Ampelanlagen und was für die Kinder sonst von Bedeutung ist entweder durch Symbole, Fotos oder kleine Papier-Modelle. Vervollständigen Sie den Plan mit Fotos oder Zeichnungen der Kinder, auf denen sie ihr Lieblingsspiel spielen. Vielleicht entwickeln Sie mit den Kindern Symbole dafür, welche Materialien für das Spiel benötigt werden, oder ob es sich um ein Spiel für ein, zwei oder mehrere Kinder handelt. Vielleicht gibt es auch Spiele, die witterungs- oder jahreszeitabhängig sind?

Hinweis
Wer möchte, kann einen Ausschnitt aus Breughels Gemälde ergänzen, auf dem ein ähnliches oder sogar das gleiche Spiel dargestellt ist.

Alte Kinderspiele neu entdecken

Viele „alte" Spiele sind auch heute noch aktuell. Sie erfordern kaum Material und können spontan gespielt werden. Verfügen Kinder über ein gewisses Repertoire an Gruppenspielen, wird selbst ein eher „langweiliger" Hof zu einem spannenden Spielort.

▸ ***Fangen und Verstecken***

sind alte Spiele, die in immer neuen Varianten auf jedem etwas größeren Platz gespielt werden können. Je nach Gelände sind beispielsweise die Kinder vor dem Fänger in Sicherheit, die eine bestimmte Farbe berühren, oder eine erhöhte Position (auf einem Baum, einem Spielgerät) eingenommen haben. Bereits gefangene Kinder werden von einem anderen Mitspieler dadurch befreit, dass dieser durch deren

Beine krabbelt oder sich hinter sie stellt und sie einmal mit den Armen umfasst. Jedes Kind kennt andere Varianten dieses Spiels, in dem es um Schnelligkeit, Reaktionsfähigkeit und Bewegung geht.

▶ *Fischer, wie tief ist das Wasser?*

Ein Kind (der Fischer) steht einer Gruppe von Kindern im Abstand von mind. 15 m gegenüber. Die Kinder rufen: „Fischer, Fischer, wie tief ist das Wasser?" Der Fischer antwortet beispielsweise: „1.000 m tief" oder „sehr tief" oder „ozeantief". Die Gruppe erwidert: „Wie sollen wir zu dir kommen?" Der Fischer antwortet: „Indem ihr auf einem Bein hüpft" (mit geschlossenen Beinen hüpft, im Seitgalopp lauft, krabbelt, usw.).

Die Kinder bewegen sich entsprechend auf den Fischer zu und dieser versucht, die Kinder „abzuschlagen". Wer berührt wurde, wird auch zum Fischer. Das Kind, das nach mehreren Durchgängen das einzige ist, das entkommen konnte, wird der nächste „Fischer".

Hinweis
Sowohl die seitlichen Begrenzungen als auch die Start- und Ziellinie müssen genau gekennzeichnet werden. Nur innerhalb des Feldes dürfen sich die Kinder bewegen.

Variante
Der „Fischer" benennt eine Farbe. Wer diese Farbe an sich trägt, kann das Feld durchqueren, ohne gefangen zu werden.

Allerlei Akrobatisches

▶ Beim ***Schubkarrenrennen*** tun sich immer zwei Kinder zusammen – eines spielt die „Schubkarre", das andere den „Gärtner". Das erste setzt seine Hände etwa in Schulterbreite auf den Boden und stützt sich mit gestreckten Armen ab. Das zweite umfasst die Fesseln seines Spielpartners und hebt dessen ausgestreckte Beine an, während dieser mit den Händen „vorwärtsgeht". Auf diese Weise versuchen die beiden möglichst schnell eine Strecke im Wettbewerb auf Zeit oder über einen Slalomparcours zurückzulegen.

Hinweis
Wegen der Verletzungsgefahr nur auf Rasen ausprobieren!

▶ Wer kann einen ***Stock auf der Hand balancieren***? Wem gelingt dieses Kunststück auf der Handinnenfläche oder auf der Spitze des Zeige- oder Mittelfingers? Hier sind Konzentration, Geduld und eine ruhige Hand gefordert.

- Zwei gleich große Gruppen stellen sich jeweils mit gegrätschten Beinen so hintereinander auf, dass sie einen ***Tunnel*** bilden. Auf ein Kommando krabbelt in jeder Gruppe das vorderste Kind durch den Tunnel und stellt sich hinten wieder als Teil des Tunnels auf. Alle übrigen Kinder durchkrabbeln ebenfalls den Tunnel. Die Gruppe, deren erster „Tunnelgänger" am schnellsten wieder vorne steht, hat gewonnen.

Spiele mit einfachen Geräten

Mit dem Seil

- Seilspringen alleine – auf beiden Beinen, im Laufen, seitwärts hüpfend, wer schafft die meisten Sprünge?
- Seilspringen zu dritt – zwei Kinder schwingen das Seil, ein drittes springt hindurch oder springt auf einen Spruch:

„Teddybär, Teddybär, dreht sich um.	*(Kind dreht sich um.)*
Teddybär, Teddybär macht sich krumm.	*(Kind beugt den Rücken nach vorne.)*
Teddybär, Teddybär baut ein Haus.	*(Kind hält die Hände über den Kopf.)*
Teddybär, Teddybär springt heraus."	*(Kind springt aus dem Seil heraus.)*

- Seilspringen in der Gruppe: Ein Kind steht in der Mitte, das Seil in der Hand. Es dreht sich langsam um seine eigene Achse, die umstehenden Kinder überspringen das Seil.
- Seile können auch als „Zaumzeug", als Teil eines Flaschenzuges oder zum Tauziehen verwendet werden. Aus Seilen kann man Schnecken, Kreise und andere Muster legen.

Mit Murmeln

- Im Sand verschiedene Vertiefungen aushöhlen. Von einer bestimmten Stelle versuchen, die Kuhlen zu treffen.
- Ein Stöckchen in den Sand stecken, mit Murmeln möglichst nahe heranwerfen.
  Viele weitere Murmel-Spiel-Ideen finden Sie unter:
  http://www.labbe.de/zzzebra/index.asp?themaid=269

Mit weiteren Gegenständen

- Plastikbecher (zum Stapeln, für das „Dosenwerfen", zum Balancieren)
- Reifen (für Hula-Hoop-Übungen, als Wurfziele)
- einfache Stöckchen (für Mikado, als „Stifte" für den Sand, als Slalom-Hindernisse)

Einfache Spielgeräte selbst herstellen

▶ *Steckenpferd*

Material

- Rundholz / Besenstiel oder gerader Ast
- ein dicker alter Strumpf in Weiß, Braun, Grau oder Schwarz für den Pferdekopf
- Stoffreste oder Füllwatte
- Wolle für die Mähne
- Knöpfe für die Augen
- Nähnadeln mit großem Öhr (für die Wolle)
- Füllwatte

Ein Steckenpferd ist ein einfaches, aber attraktives Spielzeug für wackere Ritter und begeisterte Pferdeliebhaberinnen. Zunächst wird mit klein geschnittenen weichen Stoffresten (altes T-Shirt) oder Füllwatte der Fußteil des Strumpfes ausgestopft. Nun den Schaft des Strumpfes über den Stock ziehen, er bildet den „Hals". Diesen ebenfalls gut ausstopfen und mit Klebeband oder einer festen Kordel so am Stock festbinden, dass das Füllmaterial nicht heraustritt.

Nun den Pferdekopf nach Belieben mit Augen (Knöpfe oder Stoff), Ohren (aus einer weiteren Socke oder Filz), einer Zunge (roter Filz) und einer Mähne (dicke Wollfäden mit einer Nadel durch den Kopf ziehen, ggf. die Enden wie beim Teppichknüpfen verknoten) ausarbeiten. Wer mag, kann auch noch das Maul und die Nüstern aufsticken und ein Zaumzeug aus selbst gedrehten Schnüren anbringen.

▶ *Kleine Bälle*

Material

- Luftballons (pro Ball drei Stück)
- Mehl oder feiner Sand
- Trichter
- Löffel
- Schere

In einen Luftballon wird Mehl oder anderes feines Material gefüllt. Am besten hält ein Kind den Ballon, ein anderes füllt mit Hilfe eines Trichters das Mehl ein. Dann den Hals des Ballons abschneiden. Einen zweiten Ballon (ebenfalls ohne Hals) über den gefüllten ziehen. Dabei wird die Öffnung des ersten durch die Ballonhaut des zweiten verschlossen.

Den dritten Ballon wieder in umgekehrter Richtung über die anderen beiden stülpen. Die Bälle eignen sich zum Kneten, Jonglieren, Zielwerfen, auf-dem-Kopf-oder-sonstwo-Balancieren ...

▸ *Straßenmalkreide*

Material

- Gips
- Wasser
- alte Schüssel oder leere Tetra-Pak-Schachteln zum Anrühren
- einen alten Holzlöffel oder ein Stück Holzlatte zum Umrühren
- Joghurtbecher
- Toilettenpapierrolle
- Formen für die Kreidestücke (alte Eiswürfelform, Plastikeinsätze von Keks- oder Pralinenschachteln)
- Temperapulver oder Dispersionsfarbe
- Plastikhandschuhe

Die Kreideherstellung findet am besten im Freien statt. Es werden Malerkittel und reichlich Zeitungspapier oder Folie zum Auslegen benötigt. In die Schüssel oder die Tetra-Pak-Schachtel einige EL Gips einfüllen. Dispersionsfarbe oder Temperapulver zugeben und so viel Wasser, dass die Masse eine breiige Konsistenz erhält. Alles gut umrühren, um Klumpen zu vermeiden.

Nun die Gipsmasse in die Formen gießen: Eine zylindrische Form erhält man am einfachsten, wenn die Kreide in eine Toilettenpapierrolle gegossen wird. Dafür das eine Ende vorher mit Papier und starkem Klebeband verschließen. Die Masse kann aber in jede beliebige Form gegossen werden.

Die Gipsmasse muss je nach Durchmesser der Formen zwei bis drei Tage trocknen. Dann kann die Pappe abgerissen oder die Kreide aus den Plastikformen gedrückt werden. Spannend ist für die Kinder, die Wärmeentwicklung beim Aushärten des Gipses zu beobachten (und zu fühlen!).

Nun kann mit der Kreide auf der Straße gemalt werden: ein Labyrinth, ein schönes Muster, ein Parcours zum Blindführen und vieles mehr. Natürlich gibt es auch Hüpfspiele wie „Himmel und Hölle", für die ein entsprechendes Spielfeld aufgezeichnet wird.

Medientipps

Links zum Thema

http://www.labbe.de/zzzebra/index.asp

- Die Kinderseite „zzzebra" von Michael Labbé bietet viele originelle Bastel- und Spielideen.

http://www.allposters.de/-sp/Kinderspiele-Poster_i374778_.htm

- Mögliche Bezugsquelle für ein Poster von Brueghels „Kinderspiele"

Bücher für Erwachsene

Hajo Bücken, Eva-Maria Arnold
Kinderspiele: Aus der guten alten Zeit
Verlag Edition Xxl 2004
ISBN: 978-3-897-36600-8, EURO 5,00

- Eine Sammlung alter Spiele, ohne oder mit wenig Materialien für jedes Gelände. Hajo Bücken ist Spieleerfinder und ein renommierter Autor von Büchern zu diesem Thema.

Gisela Dürr, Martin Stiefenhofer
Schöne alte Kinderspiele: Ideen für Kinder aller Altersstufen
Verlag Piper 2008
ISBN: 978-3-492-23509-9, EURO 9,00

- Über 170 alte Kinderspiele in einem Buch, ansprechend illustriert.

Das große Buch der Spiele-Klassiker
Moses Verlag 2007
ISBN: 978-3-897-77366-0, EURO 9,95

- „Klassische" Hüpfspiele, Würfelspiele, Fadenspiele, Knoten, Gummitwist, Kartenspiele und Murmelspiele anschaulich in einem Band vereint. Viele Fotos und farbige Illustrationen.

Bücher für Kinder

Edmund Jacoby, Rotraut Susanne Berner
Himmel, Hölle, Blindekuh: Kinderspiele für drinnen und draußen
dtv 1999
ISBN: 978-3-423-62018-5, EURO 12,00

- Ein Spielebuch für jede Wetterlage. Es ist wunderschön illustriert von Rotraut Susanne Berner, so dass es auch Kinder gerne anschauen und sich Spielanregungen holen können (nominiert für den Deutschen Jugendliteraturpreis).

Bildnachweise

S. 6, 7 u. 8:
Sigrid Diebold, Kita Vauban Freiburg

S.11: Kong, www.photocase.com

S.13: Anja Huss, Freiburg

S.14: Maurice Korbel, Theater Freiburg

S.16: Andreas Praefcke, wikimedia commons

S.18, 19 u. 20:
Barbara Aumüller, Staatstheater Darmstadt

S. 21: Sigrid Diebold, Kita Vauban Freiburg

S. 23: © S. Hofschlaeger / PIXELIO

S. 24: Anja Huss, Freiburg

S. 28: Murphy 73, www.photocase.com

S. 29, 32 u. 34:
Wangsberg, wikimedia commons

S. 30: © schemmi / PIXELIO

S. 31: © Ilse Reis / PIXELIO

S. 33: Aconcagua, wikimedia commons

S. 35: © Birgit H. / PIXELIO

S. 37: © bomwollen / PIXELIO

S. 38: © Maria Lanznaster / PIXELIO

S. 39: Anja Huss, Freiburg

S. 42: Sigrid Diebold, Kita Vauban Freiburg

S. 43: Matthias Sebulke, wikimedia commons

S. 44 oben: Hartmut W. Schmidt, Freiburg

S. 44 unten: © Marco Barnebeck / PIXELIO

S. 45: Herwig Stieber, wikimedia commons

S. 46: © Gerd Altmann / PIXELIO

S. 49: Anja Huss, Freiburg

S. 50: Sigrid Diebold, Kita Vauban Freiburg

S. 51: © Anette / PIXELIO

S. 52: A. P., www.photocase.com

S. 53: © Rainer Sturm / PIXELIO

S. 56: © sylwia / PIXELIO

S. 57: © Angelika Wolter / PIXELIO

S. 58: © mb / PIXELIO

S. 59: © C. Nöhren / PIXELIO

S. 60: Sigrid Diebold, Kita Vauban Freiburg

S. 62, 64 u. 65:
Anja Huss, Freiburg

S. 68: © Gabi Schoenemann / PIXELIO

S. 69: Joachim Köhler, wikimedia commons

S. 70: © Andreas Reuter / PIXELIO

S. 71: © jul / PIXELIO

S. 72: © Bernd Sterzl / PIXELIO

S. 73: © Gerd Altmann / PIXELIO

S. 74 oben: © Ilse Dunkel / PIXELIO

S. 74 unten und 77:
Sigrid Diebold, Kita Vauban Freiburg

S. 75 u. 79:
Anja Huss, Freiburg

S. 80: Paolo Da Reggio, wikimedia commons

S. 84: © marctwo / PIXELIO

S. 85/86 lizenzfrei

S. 87: Anja Huss, Freiburg

S. 88: © S. Hofschlaeger / PIXELIO

S. 89: © Conny-T. / PIXELIO

S. 90: © Dirk Schröder / PIXELIO

S. 92: © Maren Beßler / PIXELIO

S. 94: © S. Hofschlaeger / PIXELIO